改訂版

全業種で使える

みんなの

接客英語

CUSTOMER SERVICE ENGLISH

FOR ALL INDUSTRIES

広瀬直子 著

アルク

はじめに

　この本の原本が出版された2015年、海外からの訪日者数は2000万人近くに達しました。その後も最多を更新し続け2019年には3200万人近くにまで伸びました。しかし、2020年——世界は感染症に見舞われ、人やモノの流れが劇的に減少しました。

　コロナ禍を経験した私たちが痛感したのは、対面で人と交流することの価値ではないでしょうか。お店の人と対面で簡単な言葉を交わすだけでも、心の健康を維持するのに大切なのだということがわかりました。

　そして現在、筆者が住んでいる京都の町を歩いていると、海外からのお客様が日に日に増えていることを実感します。訪日者が年間3000万人を超えるような時がいつ戻ってきても不思議ではありません。

　海外からのお客様が空港や駅に到着してから最初に接する日本人は、ほとんどの場合、接客業に従事されている皆さんです。皆さんは世界的に有名な日本の「おもてなし」スピリットを紹介する最前線にいるのです。

　旅行者にとっては、旅先での接客業の人との会話は心に残るものです。筆者は、ありがたいことにこれまでの35年間で、30カ国以上、13の言語圏を旅行しましたが、こんな場面を思い出します。カナダのケベックシティで滞在したホテルで、コンシェルジェの女性が少しフランス語なまりの英語で紹介してくれたフランス料理店がとても美味しかったこと。メキシコのリビエラ・マヤへの旅行では、艶のある日焼けした肌のハンサムなお兄さんが、かなりスペイン語なまりの、でも通じる英語でカクテルを持ってきてくれました。ベトナムのハノイで船上のディナーを楽しんだときには、カタコトの英語だ

けれども、美味しい魚料理でもてなしてくれたスタッフの飾らない笑顔が素敵でした。

　一方で、残念なことに「観光ずれ」していると感じた旅行先も少数ですがあり、海外から日本へやって来る人たちにはこんな思いをしてほしくないな、と感じました。読者の皆さんが訪日客をあたたかく歓迎し、素晴らしい思い出づくりを手伝うことに本書が役に立てれば、筆者にとって最高の幸せです。

　本書では、上級の英語をできるだけ避け、「接客業の皆さんが使いやすい英語とは何か」を最大限に考慮しています。肩の凝るような難しい英語はありませんから、ぜひ気軽に使ってみてください。発音や文法が完璧でなくてもまったくかまいません。目次または索引から伝えたいことを見つけ、口頭で伝わらなければ、身振り手振りを加えてみたり、本書の英文を指さしたりしてもいいでしょう。要は伝えたい想いです。

　「読者に親切で、最大限に通じるカタカナ表記」を最後まで一緒に考えてくださったアルク編集部の北川佑佳さんには大変お世話になりました。また同編集部は接客業の皆さんに大規模なアンケートを実施してくださいました。さらには、中国語と韓国語の翻訳も実現したことは筆者にとって大きな喜びです。心よりお礼を申し上げます。

2023年3月、京都にて

広瀬 直子

目次

第1章

まずはここから覚える
全業種共通フレーズ

お客様の心をつかむ
飲食業のフレーズ

第3章 日本ならではの心遣いが光る
販売業のフレーズ

第5章　備えあれば憂いなし
医療業&病気・トラブルの際のフレーズ

第6章　トイレ，最寄り駅の場所もしっかり説明
道案内のためのフレーズ

付録　英・中・韓 完全対応

すぐに使える
貼り紙・POP例文集

本書の構成

本書は、接客業全般で共通して使われるフレーズを集めた**第1章**、その共通の枠ではくくれないものを、大きく4つに分けて整理した**第2〜5章**、お客様に求められる機会が多い道案内をテーマにした**第6章**、日々変化する現場に対応した**第7章**そして、**付録**（貼り紙・POP例文集）から成り立っています。接客英語をイチから勉強したい人は、まず第1章を読み、その後、自らの業務に関係する章を読み進めてください。また、業務に直接関係ない章からも言い回しのヒントが得られる可能性があるので、余力があればぜひ他の章にも目を通すことをおすすめします。必要なフレーズを直接探したい人は、**目次**や**巻末の索引**を活用しましょう。

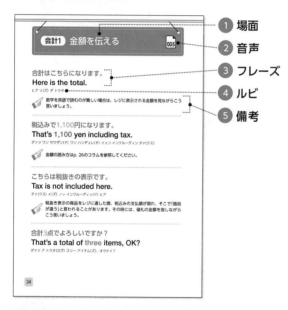

1 場面

接客の流れに合わせて進んでいきます。それぞれの場面で汎用的に使えるフレーズを紹介し、さらに、特定の業種でよく使われるフレーズは最後に事例としてまとめて紹介しています。また、場面に関連して押さえておきたい単語のリスト、その他、コラム、会話例も適宜用意しています。

② 音声

見出しフレーズ、単語リスト、会話例の英語はすべて、音声をお聞きいただけます。数字はファイル名と対応しています。
※音声のダウンロードについては、次ページをご覧ください。

③ フレーズ

さまざまな企業で接客業に従事されている方へリサーチを行った結果を基に、「本当に言いたい」フレーズを選定しています。必要に応じて、灰色で示されている部分を入れ替えて活用しましょう。

④ ルビ（北米標準英語が基準）

フレーズには、相手に通じる可能性が高まるよう、工夫・配慮がなされたカタカナのルビを振っています。

また、適宜括弧を付けている箇所がありますが、これらは飲み込み音、音節を成さない子音などにあたり、日本語のカタカナよりも短く、小さく、静かに発音する音になります。日本語の促音（小さい「ッ」）を活用しているところもあります。

ネイティブスピーカーであっても、出身国や地域、話者のクセなどによって英語の発音は変わってきます。カタカナのルビはあくまで目安として、練習は本書の無料音声を使って行う、もしくは、発音記号が読める方は辞書の発音記号に従ってください。

⑤ 備考

内容によって、3種類のマークが使い分けられています。

おもてなし

文化背景の違うお客様に接する時のコツ、日本人らしい心遣いを英語で表現する方法などをまとめています。お客様に、ご帰国の際に良い思い出を持ち帰っていただけるよう活用してください。

注意

フレーズを使う上で気を付けてほしいこと、日本人が間違えやすいポイントなどについて整理しています。お客様との間で生じやすい誤解やトラブルも未然に防げるようになります。

アドバイス

フレーズの補足説明や関連表現、その他接客時に役立つさまざまな内容を取り上げています。

音声ダウンロードについて

●パソコンでダウンロードする場合

以下のURLで「アルク ダウンロードセンター」にアクセスの上、画面の指示に従って、音声ファイルをダウンロードしてください。

https://portal-dlc.alc.co.jp

●スマートフォンでダウンロードする場合

QRコードから学習用アプリ「booco」をインストール（無料）の上、ホーム画面下「さがす」から本書を検索し、音声ファイルをダウンロードしてください。

（本書の書籍コードは7023025）

https://booco.page.link/4zHd

制作協力

本書を制作するに当たり、多くの企業、団体の皆様にご意見をいただきました。残念ながら、そのすべてのお名前の掲載はかないませんでしたが、ご協力くださった全員に、この場を借りて厚く御礼申し上げます。

【飲食業】
● 養老乃瀧（養老乃瀧株式会社）
https://www.yoronotaki.co.jp/

● HUB BRITISH PUB | 82 ALE HOUSE（株式会社ハブ）
https://www.pub-hub.com/

● SUBWAY（日本サブウェイ合同会社）
https://www.subway.co.jp/

【販売業】
● 株式会社ビックカメラ
https://www.biccamera.co.jp

● ADIEU TRISTESSE（株式会社ビギ）
https://adieu-tristesse.jp/

● ANA DUTY FREE SHOP（全日空商事デューティーフリー株式会社）
https://www.anadf.com

● Fa-So-La成田空港免税店（株式会社NAAリテイリング）
https://www.fasola.jp/

（次ページに続きます）

【宿泊・レジャー・美容業、医療業など】
- 琵琶湖 瀬田川畔 料亭　新近江別館
  http://www.shin-oumi.jp/

- リッチモンドホテル（アールエヌティーホテルズ株式会社）
  https://richmondhotel.jp/

- 江戸東京博物館
  https://www.edo-tokyo-museum.or.jp/

- 東京ドームシティ アトラクションズ（株式会社東京ドーム）
  https://at-raku.com/

- 美容室Paddle
  http://www.paddle-link.com/

- fou HAIR SALON
  http://www.fouhair.com/

- 成城スキンケアクリニック
  http://www.seijo-skincare.com/

第 1 章

まずはここから覚える

全業種共通
フレーズ

来店したお客様への声かけや見送り、
会計への案内、忘れ物の対応など、
業種を問わずに使える表現を集めま
した。
まずはここから確認していきましょう。

来店したお客様を迎える

（店に入ってきたお客様に）いらっしゃいませ。

Hello, sir / ma'am.

ヘロウ、サー／マァ(ム)

 sirは男性、ma'amは女性への丁寧な呼び掛けで、特に年配のお客様に対して使います。若いお客様への対応やカジュアルな店舗における接客では、Hello. だけで構いません。

どうぞお入りください。

Please come in.

プリー(ズ) カム イン

当店のご利用は初めてですか？

Is this your first time here?

イ(ズ) ディ(ス) ヨア ファー(スト) タイ(ム) ヒア？

何かお伺いしましょうか？

May I help you?

メイ アイ ヘゥピュー？

 店に入ってきたお客様が店員の対応を待っていそうな時に使う表現です。そのため、日本語の「いらっしゃいませ」のシチュエーションでは使えない場合もあります。

見るだけでもどうぞ。

Please feel free to look around.

プリー(ズ) フィーゥ フリー トゥ ルッ(ク) アラウン(ド)

16

よく言うひとこと

かしこまりました。
Certainly.

サートゥンリー

 お客様のご依頼やご注文に応じる時に使える、Yes.やOK. よりも丁寧な言い方です。すぐ口から出せるようにしておきましょう。

ご案内します。
Could you follow me?

クッジュー フォロウ ミー？

 直訳は「私の後についてきてくださいますか？」。英語の案内が苦手でも、このフレーズで乗り切れます。Please follow me. と言っても構いません。

こちらです。
This way.

ディ(ス) ウェイ

 手のひらを上にして、方角を指し示しながら言いましょう。「あちらです」なら That way.(ダァッ ウェイ)です。

すぐにお持ちします。
I'll get it right away.

アイゥ ゲッテッ ライタウェイ

確認いたします。
Let me check.
レッ ミー チェ(ク)

 お客様に何かを聞かれたけれど即座に答えられない場合は、このように述べましょう。

少々お待ちください。
Just a minute, please.
ジャ(ス)タ ミナッ、プリー(ズ)

 電話ではHold on, please.(ホウゥドン プリー[ズ])もよく使われます。

お待たせしました。
Thank you for waiting.
サンキュー フォー ウェイティン

お待たせして申し訳ございません。
Sorry to keep you waiting.
ソーリー トゥ キーピュー ウェイティン

いかがですか？
How is it?
ハウ イズ イッ？

 「お気に召しましたか？」や試着時の「着心地はいかがですか？」に当たる表現。How do you like it?(ハウ ドゥ ユー ライキッ？)も同じ意味でよく使われます。

（「〜していいか」と聞かれた時の）どうぞ。
Go ahead.
ゴウ アヘッ（ド）

（品物を渡したり料理を出したりする時の）どうぞ。
Here you go / are.
ヒア ユー ゴウ／アー

どういたしまして。
You are welcome.
ユー アー ウェゥカ（ム）

日本ではチップを払う習慣はありません。
There is no tipping in Japan.
デア リ（ズ）ノウ ティッピン イン ジャパン

お釣りはご旅行のために取っておいてください。
Keep the change for your trip.
キー（プ）ダ チェイン（ジ）フォー ヨア チュリッ（プ）

 チップの受け取りを断る際に使える、気の利いた表現です。

何とおっしゃいましたか？
I beg your pardon?
アイ ベギョア パードン？

 Pardon me?(パードン ミー？)、Pardon?(パードン？)でも構いません。
いずれも文末を上げ調子で読むのがポイントです。

もう一度おっしゃってくださいますか？
Could you say that again?
クッジュー セイ ダァッ アゲン？

もう少しゆっくり話していただけますか？
Could you speak a little more slowly?
クッジュー スピー(ク) ア リトゥ モア スロウリー？

それを日本語で何と言いますか？
Do you know the Japanese word for it?
ドゥ ユー ノウ ダ ジャパニー(ズ) ワー(ド) フォー イッ？

スペルをお願いできますか？
Could you spell that?
クッジュー スペゥ ダァッ？

 注文が聞き取れなかった時、こう聞けば、例えばsalmonなら、お客様は
s-a-l-m-o-nと答えてくれるはずです。紙とペンをお渡ししても良いでしょう。

ここに書いてくださいますか？

Could you write that down here?

クッジュー ライッ ダァッ ダウン ヒア？

英語の話せる者を連れてまいります。

Let me call someone who speaks English.

レッミー コーゥ サ(ム)ワン フー スピー(クス) イングリ(シュ)

申し訳ありませんが、英語を話せる者がおりません。

Sorry, there is no one here who speaks English.

ソーリー、デア リ(ズ) ノウ ワン ヒア フー スピー(クス) イングリ(シュ)

あちらでお会計をお願いします。

Please pay over there.

プリー(ズ) ペイ オウヴァー デア

 飲食店などでテーブルに着席したまま支払うことに慣れているお客様もいらっしゃいますので、覚えておきましょう。

こちらのカゴをお使いください。

Please use this basket.

プリー(ズ) ユー(ズ) ディ(ス) バスケッ

空箱をレジにお持ちください。

Please take the empty package to the cashier.

プリー(ズ) テイッ ディ エンプティ パァキジ トゥ ダ キャシアー

 高額商品や一部の医薬品を空箱にして陳列するのは、日本ならではの習慣です。不思議に思ったお客様にはFor security purposes.(防犯目的です／フォー セキュリティ パーパスィズ)やFor legal reasons.(フォー リィガゥ リーズンズ／法律上の理由のためです)などと告げてください。

実物はスタッフにお尋ねください。

Please ask the staff for the actual product.

プリー(ズ) ア(スク) ダ スタァ(フ) フォー ディ アクチュワゥ プロダ(クト)

足元の青い線に沿って並んでください。

Please line up along the blue line on the ground.

プリー(ズ) ライナッ(プ) アロン(グ) ダ ブルー ライン オン ダ グラウン(ド)

列に並んでお待ちください。

Please wait in line.

プリー(ズ) ウェイティン ライン

こちらの列にお移りいただけますか？

Could you move to this line?

クッジュー ムー(ヴ) トゥ ディ(ス) ライン？

列の最後尾にお並びください。

Please go to the end of the line.

プリー(ズ) ゴウ トゥ ディ エンド(ヴ) ダ ライン

お次にお待ちのお客様、こちらのレジへどうぞ。

Next customer, please.

ネク(スト) カスタマー、プリー(ズ)

 列に並んでいるお客様に向けて、手を挙げてこう言いましょう。Next, please.(p. 93)やNext customer <u>to this cashier</u>, please. でも構いません。

このフロアの商品は、こちらでご精算くださいませ。

Please pay here for products on this floor.

プリー(ズ) ペイ ヒア フォー プロダ(クツ) オン ディ(ス) フロア

会計1　金額を伝える

合計はこちらになります。
Here is the total.
ヒア リ(ズ) ダ トウタゥ

 数字を英語で読むのが難しい場合は、レジに表示される金額を見ながらこう言いましょう。

税込みで1,100円になります。
That's 1,100 yen including tax.
ダァツ ワン サウザン(ド) ワン ハンヂュレ(ド) イェン インクルーディン タァ(クス)

 金額の読み方はp. 26のコラムを参照してください。

こちらは税抜きの表示です。
Tax is not included here.
タァ(クス) イ(ズ) ノッ インクルーディッ(ド) ヒア

 税抜き表示の商品をレジに通した際、税込みの支払額が現れ、そこで「値段が違う」と言われることがあります。その時には、値札の金額を指しながらこう言いましょう。

合計3点でよろしいですか？
That's a total of three items, OK?
ダァツ ア トウタロ(ヴ) スリー アイテム(ズ)、オウケイ？

以上でよろしいですか？

Is this everything?

イ(ズ) ディ(ス) エヴリスィン？

550円です。

That's 550 yen.

ダァ(ツ) ファイ(ヴ) ハンヂュレ(ド) フィ(フ)ティ イェン

5点で1,000円です。

That's 1,000 yen for five items.

ダァ(ツ) ワン サウザン(ド) イェン フォー ファイ(ヴ) アイテム(ズ)

レジ袋は1枚5円ですが、ご利用になりますか？

Plastic bags are 5 yen each. Would you like one?

プラァ(ス)ティッ バァ(グズ) アー ファイ(ヴ) イェン イー(チ)。ウッジュー ライッ ワン？

サービス料10%が含まれております。

A 10 percent service charge is already included.

ア テン パーセンッ サーヴィ(ス) チャー(ジ) イ(ズ) オーゥレディ インクルーディッ(ド)

 勘定にサービス料が含まれている場合、欧米でもチップは不要です。もし置いていかれた場合は、こう言ってお返しすると良いでしょう。

値段を英語で伝えられるようになるためには、英語では「数字を3桁の単位で区切る」というルールを理解しておく必要があります。下を見てください。

1	one	一
10	ten	十
100	one hundred	百
1,000	one **thousand**	千
10,000	ten thousand	一万
100,000	one hundred thousand	十万
1,000,000	one **million**	百万
1,000,000,000	one **billion**	十億

英語では、1,000以上になると、3桁ごとに新しい単位が出てきています。1,000は1千、10,000は10千、100,000は100千で、1,000,000となって初めて単位がmillionに変わります。

つまり、英語では、1,000以上はコンマの前の数字を読んで、その後にthousandといった単位を付けることになります。練習と慣れで皆さんもスムーズに言えるようになるはずです。

例
990円　nine **hundred** ninety yen
3,070円　three **thousand** seventy yen
30,875円　thirty **thousand** eight **hundred** seventy five yen
129,800円　one hundred twenty nine **thousand** eight **hundred** yen
2,100,300円　two **million** one hundred **thousand** three **hundred** yen

また、口語では100の単位を使う人がいます。1900はone thousand nine hundredですが、略式にnineteen hundredと読むのです。これは本来は西暦を言う時の読み方ですが、金額や電話番号を言うのに使う人もいるので慣れると良いでしょう。

お会計はご一緒ですか？ 別々ですか？

Would you like to pay together or separately?

ウッジュー ライッ トゥ ペイ トゥギャダー オア セパレッリー？

「(ホテルの)部屋付けにしますか？」なら、Would you like me to charge this to your room?(ウッジュー ライッ ミー トゥ チャー[ジ] ディ[ス] トゥ ヨア ルー[ム]？)です。

お会計は現金ですか？ カードですか？

Would you like to pay by cash or credit card?

ウッジュー ライッ トゥ ペイ バイ キャ(シュ) オア クレディッ カー(ド)？

お支払い方法は現金のみとなっております。

We accept cash only.

ウィ アクセ(プト) キャ(シュ) オウンリー

円でお支払いになりますか？ 米ドルですか？

Would you like to pay in Japanese yen or U.S. dollars?

ウッジュー ライッ トゥ ペイ イン ジャパニー(ズ) イェン オア ユーエ(ス) ドラー(ズ)？

U.S. dollars(米ドル)との対比でJapanese yenと言っていますが、yenだけでももちろん通じます。

米ドルはお使いいただけません。日本円とクレジットカードのみ使えます。

We don't accept U.S. dollars. We only accept Japanese yen or credit cards.

ウィ ドウンッ アクセ(プト) ユーエ(ス) ドラー(ズ)。ウィ オウンリー アクセ(プト)
ジャパニー(ズ) イェン オア クレディッ カー(ズ)

日本円、ドル、カードの併用払いができます。

You can use a combination of Japanese yen, U.S. dollars and credit cards to pay.

ユー キャン ユー(ズ) ア コンビネイシャン オ(ヴ) ジャパニー(ズ) イェン、
ユーエ(ス) ドラー(ズ) アン クレディッ カー(ズ) トゥ ペイ

お釣りは日本円になります。

The change is in Japanese yen.

ダ チェイン(ジ) イ(ズ) イン ジャパニー(ズ) イェン

電子マネーは扱っておりません。

We don't accept electronic money.

ウィ ドウンッ アクセ(プト) エレ(ク)チュローニッ マニー

会計3　お金を受け取る・渡す

10,000円お預かりします。

Ten thousand yen, thank you.

テン サウザン(ド) イェン、サンキュー

 北米では、何も言わずに片手でお金を受け取っても失礼ではありませんが、このように言って両手で受け取ることで丁寧さを演出できるでしょう。

4,550円のお返しになります。

Your change is 4,550 yen.

ヨア チェイン(ジ) イ(ズ) フォー サウザン(ド) ファイ(ヴ) ハンヂュレ(ド) フィ(フ)ティ イェン

大きい方(紙幣)から4,000円のお返しです。そして、残り550円のお返しです。

Here are the bills for 4,000 yen first. And the coins for 550 yen.

ヒア アー ダ ビゥ(ズ) フォー フォー サウザン(ド) イェン ファー(スト)。アン ダ
コイン(ズ) フォー ファイ(ヴ) ハンヂュレ(ド) フィ(フ)ティ イェン

 お釣りを返す時、お札も硬貨も1度に渡す国が多いので、こうすることで丁寧な印象を与えることができます。

（数えながら）千、2千、3千、4千円、そして残り550円のお返しです。

That's one, two, three, four thousand, and the coins for 550 yen.

ダァツ ワン トゥー スリー フォー サウザン(ド)、アン
ダ コイン(ズ) フォー ファイ(ヴ) ハンヂュレ(ド) フィ(フ)ティ イェン

 お釣りの返し方のバリエーションの1つ。お札を1枚ずつ数えていくやり方は間違いが起きにくいので、英語で会計をする場合におすすめです。

お釣りです。

Here is your change.

ヒア リズ ヨア チェイン(ジ)

ちょうど頂きます。

That's exactly right.

ダァツ エ(グ)ザッリー ライツ

 お客様から請求額ぴったりの金額を受け取った時に言う表現。rightは「正確な、合っている」という意味です。

100円多いです。

That's 100 yen too much.

ダァツ ワン ハンヂュレ(ド) イェン トゥー マッ(チ)

あと100円足りません。

Another 100 yen, please.

アナダー ワン ハンヂュレ(ド) イェン、プリー(ズ)

細かいお金はございますか？

Do you have anything smaller?

ドゥ ユー ハァヴ エネスィン スモーラー？

小銭をお取りしましょうか？

Would you like me to use your small change?

ウッジュー ライッ ミー トゥ ユー(ズ) ヨア スモーゥ チェイン(ジ)？

 日本の硬貨に不慣れでついついお札を出してしまうお客様もいます。小銭を出しあぐねていらっしゃる方には、こう声をお掛けすると親切です。

お釣りが小銭ばかりですみません。

Sorry, I can only give you small change.

ソーリー、アイ キャン オウンリー ギヴ ユー スモーゥ チェイン(ジ)

 英語圏でこのように謝ることは非常に少ないですが、お客様に細やかな心遣いを示すことができるかもしれません。

すみません、今お釣りが切れています。

Sorry, we don't have any change right now.

ソーリー、ウィ ドウンッ ハァヴ エネィ チェイン(ジ) ライッ ナウ

VisaとMasterがご利用いただけます。
We accept Visa and MasterCard.

ウィ アクセ(プト) ヴィーザ アン マァスターカー(ド)

ご一括払いでよろしいですか？
Is a one-time payment OK?

イ(ズ) ア ワンタイ(ム) ペイメンッ オウケイ？

 外国、特に北米のお客様は一括払いのつもりで購入することがほとんどです（分割払いは、店舗で会計時に指定するのではなくカード会社との取り決めになっている場合もあります）。ですから、日常の会計では、何も聞かず一括で処理してしまって実務上問題ありません。

クレジットカードはご一括払いのみです。
You can only pay in full with a credit card.

ユー キャン オウンリー ペイ イン フゥ ウィズ ア クレディッ カー(ド)

分割払いになさいますか？
Would you like to pay in installments?

ウッジュー ライッ トゥ ペイ イン インストゥーメン(ツ)？

 高額商品をご購入のお客様にはこう聞いても構いません。分割払いを希望のお客様は、Three (times), please.（3回払いでお願いします）などと答えます。

お買い上げ3,000円未満ですので、サインはご不要です。

We don't need your signature because your payment is less than 3,000 yen.

ウィ ドウンツ ニー(ド) ヨア スィ(グ)ナチャー ビコー(ズ) ヨア
ペイメンティ(ズ) レ(ス) ダン スリー サウザン(ド) イェン

クレジットカードは、1,000円未満のご購入にはご利用いただけません。

The amount has to be at least 1,000 yen to use a credit card.

ディ アマウンツ ハァ(ス) トゥ ビー アッ リー(スト) ワン サウザン(ド) イェント トゥ
ユー(ズ) ア クレディッ カー(ド)

手数料は掛かりません。

There is no handling charge.

デア リ(ズ) ノウ ハンドリン チャー(ジ)

こちらにカードを通して／入れてください。

Please swipe / insert your card here.

プリー(ズ) スワイ(プ)／インサーツ ヨア カー(ド) ヒア

暗証番号を入力してください。

Please enter your PIN.

プリー(ズ) エンター ヨア ピン

 入力し終わった後の「Enterボタンを押してください」は、Please press "Enter".
（プリー[ズ] プレ[ス] エンター）です。なお、PINはpersonal identification
number（個人識別番号）を略したものです。

こちらにサインをお願いします。

Please sign here.

プリー(ズ) サイン ヒア

すみません、こちらの会社のクレジットカードは使えません。

Sorry, we don't accept this company's credit card.

ソーリー、ウィ ドウンッ アクセ(プト) ディ(ス) カンパニー(ズ) クレディッ カー(ド)

 自国で使えるカードがなぜここで使えないのか、いぶかしがるお客様もいらっしゃいます。できれば理由と併せて、申し訳なさそうに伝えた方が良いでしょう。

こちらのカードは、磁気不良で使用できません。

We cannot accept this card because the magnetic strip has been damaged.

ウィ キャノッ アクセ(プト) ディ(ス) カー(ド) ビコー(ズ) ダ マァ(グ)ネティッ スチュリッ(プ) ハァ(ズ) ビン ダァミジ(ド)

こちらのカードは、期限切れで使用できません。

We cannot accept this card because it's expired.

ウィ キャノッ アクセ(プト) ディ(ス) カー(ド) ビコー(ズ) イッ(ツ) エ(クス)パイアー(ド)

こちらのカードは、限度額オーバーで使用できません。

We cannot accept this card because it has maxed out.

ウィ キャノッ アクセ(プト) ディ(ス) カー(ド) ビコー(ズ) イッ ハァ(ズ) マァク(ス)タウッ

他のカードはお持ちですか？

Do you have another credit card?

ドゥ ユー ハァヴ アナダー クレディッ カー(ド)?

カード会社に確認なさいますか？

Would you like to call the credit card company to check?

ウッジュー ライッ トゥ コーゥ ダ クレディッ カー(ド) カンパニー トゥ チェ(ク)?

 こう言ってカード会社に電話をし、オペレーターとの通話はお客様にお任せすると良いでしょう。

ポイントカードはお持ちですか？

Do you have our point card?

ドゥ ユー ハァヴ アワ ポインッ カー(ド)？

ポイントカードをお作りしましょうか？

Would you like to make a point card?

ウッジュー ライッ トゥ メイッカ ポインッ カー(ド)？

この用紙に必要事項をご記入いただけますか？

Could you fill out this form?

クッジュー フィラウッ ディ(ス) フォー(ム)？

有効期限はありません。

It doesn't expire.

イッ ダズンッ エ(クス)パイアー

入会金・年会費は無料です。

There are no initial or annual fees.

デア アー ノウ イニシャゥ オア アァニュワゥ フィー(ズ)

ポイントをお使いになりますか？ 現在、50ポイントございます。

Would you like to use your points? You have 50 points right now.

ウッジュー ライッ トゥ ユー(ズ) ヨア ポイン(ツ)？ ユー ハァ(ヴ) フィ(フ)ティ ポイン(ツ) ライッ ナウ

切手・ハガキのご購入はポイント加算対象外です。

You don't get points for stamps or postcards.

ユー ドウンッ ゲッ ポイン(ツ) フォー スタァンプ(ス) オア ポウッ(ス)カー(ズ)

100円お買い上げごとに1つスタンプを押します。

You get one stamp for every 100 yen.

ユー ゲッ ワン スタァン(プ) フォー エヴリ ワン ハンヂュレ(ド) イェン

 「1ポイントが貯まります」ならYou get one point.(ユー ゲッ ワン ポインッ) になります。

スタンプが30個貯まると1,000円分無料となります。

You can get 1,000 yen off when you have 30 stamps.

ユー キャン ゲッ ワン サウザン(ド) イェノ(フ) ウェン ユー ハァ(ヴ) サーティ スタァン(プス)

カードのご提示で5%引きになります。

You get a 5 percent discount by showing your card.

ユー ゲッタ ファイ(ヴ) パーセンッ ディスカウンッ バイ ショウイン ヨア カー(ド)

レシート（領収書）はご入り用ですか？

Do you need a receipt?

ドゥ ユー ニーダ リスィーッ？

 レジから出てくる「レシート」と手書きの「領収書」を使い分けるのは、日本の慣習で、英語では両方ともreceiptです。あえて「手書き」と言いたいなら、a formal business receipt（ア フォーマゥ ビズネ[ス] リスィーッ）ですが、日本在住の外国人ビジネスパーソン以外には意図は伝わりづらいでしょう。

お宛名はいかがなさいますか？

Who should it be addressed to?

フー シュッディッ ビー アヂュレ(ス) トゥ？

 「ただし書きはどういたしますか」は、What should I write in your purchase details?（ワッ シュッダイ ライッ イニョア パーチャ[ス] ディテイゥズ？）ですが、どちらもやはり日本の慣習のため、使う機会は非常に限られます。

カードとレシートのお返しです。

Here are your card and receipt.

ヒア アー ヨア カー(ド) アン リスィーッ

お客様控えです。

Here is your customer copy.

ヒア リズ ヨア カ(ス)タマー コピー

電話応対をする

担当者におつなぎいたします。

I'll put you through to the person who can take care of this.

アイゥ プッチュー スルート トゥ ダ パースン フー キャン テイッ ケア ロ(ヴ) ディ(ス)

担当者は不在にしております。

The person who can take care of this isn't available.

ダ パースン フー キャン テイッ ケア ロ(ヴ) ディ(ス) イズンタヴェイラブゥ

お名前とお電話番号をお伺いできますか？

May I have your name and phone number?

メイ アイ ハァヴ ヨア ネイ(ム) アン フォウン ナンバー？

すみません、お電話が遠いようです。

Sorry, I cannot hear you very well.

ソーリー、アイ キャノッ ヒア ユー ヴェリー ウェゥ

ペンとメモのご用意をお願いします。

Please have a pen and a piece of paper ready.

プリー(ズ) ハァヴ ア ペン アンダ ピース オ(ヴ) ペイパー レディ

確認して、後でお電話いたします。

Let me confirm it and call you back later.

レッ ミー コンファーミッ アン コーゥ ユー バァ(ク) レイター

お客様を見送る

（お支払いを済ませたお客様に）ありがとうございました。

Thank you for your payment.

サンキュー フォー ヨア ペイメンツ

またのお越しをお待ちしております。

We hope to see you again.

ウィ ホウ(プ) トゥ スィー ユー アゲン

 お客様がお帰りになる時、Thank you. とおっしゃることがあります。その対応としてこう言うと、好感を持っていただけます。

お気を付けて。

Please take care.

プリー(ズ) テイッ ケア

出口までご案内します。

Let me show you the way out.

レッミー ショウ ユー ダ ウェイ アウッ

お忘れ物はございませんか？

Do you have everything?

ドゥ ユー ハァヴ エヴリスィン？

 Do you have everything with you? (p. 192)のようにwith youを補っても構いません。どちらも同じ意味です。

（店を離れるのを呼び止めて）お客様！

Excuse me, <u>sir / ma'am</u>!

エ(クス)キュー(ズ) ミー、<u>サー／マァ(ム)</u>！

 customerは「客」という意味ですが、お客様本人に対してcustomerと呼ぶことはありません。相手が年配のお客様なら、Excuse me, の後にsir（男性に対して）やma'am（女性に対して）を付けると良いでしょう。

こちらの傘はお客様のものではございませんか？

Isn't this umbrella yours?

イズンッ ディ(ス) アンブレラ ヨアー(ズ)？

タクシーをお呼びいたしましょうか？

Shall I call you a taxi?

シャライ コーゥ ユー ア タァ(ク)スィー？

楽しい1日をお過ごしください。

Have a great day.

ハヴァ グレイッ デイ

 dayの部分は、時間によってafternoon（ア[フ]ターヌーン／午後）、evening（イーヴニン／夕べ）などとも言い換えてください。

今後ともよろしくお願いします。

We look forward to your next visit.

ウィ ルッ(ク) フォーワーッ トゥ ヨア ネク(スト) ヴィズィッ

忘れ物の対応をする

❶ 全業種共通

どこに置き忘れたか、覚えていらっしゃいますか？

Do you remember where you left it?

ドゥ ユー リメンバー ウェア ユー レフテッ？

どのようなものですか？

What does it look like?

ワッ ダズィッ ルッ ライ(ク)？

 「色」「大きさ」などを詳しく答えてもらいたい時に使いましょう。

そういったものはこちらには届いておりません。

We haven't received anything like that here.

ウィ ハァヴンッ リスィーヴ(ド) エネスィン ライッ ダァッ ヒア

お電話番号とご住所を教えていただけますか？

May I have your phone number and address?

メイ アイ ハァヴ ヨア フォウン ナンバー アン アヂュレ(ス)？

 your phone number and addressの代わりにyour contact information
(ヨア コンタ[クト] インフォメイシャン／ご連絡先)と言っても構いません。

見つかり次第ご連絡いたします。

We'll contact you as soon as we find it.

ウィゥ コンタァ(ク)チュー アッスーナ(ズ) ウィ ファインディッ

お届けがあります。

Your item has been brought in.

ヨア アイテ(ム) ハァ(ズ) ビン ブローッ イン

こちらでしょうか？

Is this yours?

イ(ズ) ディ(ス) ヨアー(ズ)？

身分証をお見せいただけますか？

May I see some ID?

メイ アイ スィー サ(ム) アイディー？

 some IDの代わりにyour passport(ヨア パァ[ス]ポーッ)と言っても構いません。

ご本人確認のため、お名前を教えていただけますか？

Could you tell me your name for verification?

クッジュー テゥ ミー ヨア ネイ(ム) フォー ヴェリフィケイシャン？

営業時間は午前10時から午後8時30分です。

We are open from 10 a.m. to 8:30 p.m.

ウィ アー オウプン フロ(ム) テン エイエ(ム) トゥ エイッ サーティ ピーエ(ム)

土曜は午後8時まで、日曜は午後9時まで営業しております。

We are open until 8 p.m. on Saturdays and 9 p.m. on Sundays.

ウィ アー オウプン アンティゥ エイッ ピーエ(ム) オン サァタデイ(ズ) アン ナイン
ピーエ(ム) オン サンデイ(ズ)

ご入店は午後10時までとさせていただいております。

We only accept customers until 10 p.m.

ウィ オウンリー アクセ(プト) カスタマー(ズ) アンティゥ テン ピーエ(ム)

24時間営業です。

We are open 24 hours a day.

ウィ アー オウプン トゥウェンティ フォー アワー(ズ) ア デイ

年中無休です（毎日営業）。

We are open every day of the year.

ウィ アー オウプン エヴリ デイ オ(ヴ) ダ イアー

年中無休です。

We are open 24/7.

ウィ アー オウプン トゥウェンティ フォー セヴン

 年中無休で、さらに24時間営業であることを意味します。

定休日は日曜日と祝祭日です。

We are closed on Sundays and national holidays.

ウィ アー クロウ(ズ)ドン サンデイ(ズ) アン ナショナゥ ホリデイ(ズ)

定休日は毎月第4月曜日です。

We are closed on the 4th Monday of every month.

ウィ アー クロウ(ズ)ドン ダ フォー(ス) マンデイ オヴ エヴリ マン(ス)

 We are closed on ... の代わりに、Our regular holiday is ...(アワ レギュラー ホリデイ イ[ズ]…)と言っても構いません。

今月は15日以外、休まず営業しております。

We are open throughout this month except for the 15th.

ウィ アー オウプン スルーアウッ ディ(ス) マン(ス) エクセ(プト) フォー ダ フィ(フ)ティーン(ス)

12月31日から1月3日まで休業しております。

We are closed from December 31st to January 3rd.

ウィ アー クロウ(ズド) フロ(ム) ディセンバー サーティファー(スト) トゥ ジャニュウェリー サー(ド)

月・日・曜日

● 1月	January (Jan.)	ジャニュウェリー
● 2月	February (Feb.)	フェブュウェリー
● 3月	March (Mar.)	マー(チ)
● 4月	April (Apr.)	エイプリゥ
● 5月	May	メイ
● 6月	June (Jun.)	ジューン
● 7月	July (Jul.)	ジュライ
● 8月	August (Aug.)	オーガ(スト)
● 9月	September (Sep.)	セ(プ)テンバー
● 10月	October (Oct.)	オ(ク)トウバー
● 11月	November (Nov.)	ノウヴェンバー
● 12月	December (Dec.)	ディセンバー
● 1日	1st (first)	ファー(スト)
● 2日	2nd (second)	セカン(ド)
● 3日	3rd (third)	サー(ド)
● 4日	4th (fourth)	フォー(ス)
● 5日	5th (fifth)	フィ(フス)
● 6日	6th (sixth)	スィ(クス)
● 7日	7th (seventh)	セヴン(ス)
● 8日	8th (eighth)	エイ(ス)
● 9日	9th (ninth)	ナイン(ス)
● 10日	10th (tenth)	テン(ス)
● 11日	11th (eleventh)	イレヴン(ス)
● 12日	12th (twelfth)	トゥウェゥ(フス)
● 13日	13th (thirteenth)	サーティーン(ス)
● 14日	14th (fourteenth)	フォーティーン(ス)
● 15日	15th (fifteenth)	フィ(フ)ティーン(ス)
● 16日	16th (sixteenth)	スィ(クス)ティーン(ス)

全業種共通

● 17日	17th (seventeenth)	セヴンティーン(ス)
● 18日	18th (eighteenth)	エイティーン(ス)
● 19日	19th (nineteenth)	ナインティーン(ス)
● 20日	20th (twentieth)	トゥウェンティエ(ス)
● 21日	21st (twenty-first)	トゥウェンティファー(スト)
〜〜	〜〜	(略)
● 30日	30th (thirtieth)	サーティエ(ス)
● 31日	31st (thirty-first)	サーティファー(スト)
● 月曜日	Monday (Mon.)	マンデイ
● 火曜日	Tuesday (Tue.)	テュー(ズ)デイ
● 水曜日	Wednesday (Wed.)	ウェン(ズ)デイ
● 木曜日	Thursday (Thu.)	サー(ズ)デイ
● 金曜日	Friday (Fri.)	フライデイ
● 土曜日	Saturday (Sat.)	サァタデイ
● 日曜日	Sunday (Sun.)	サンデイ

※22〜29日はtwentyの後に2日（second）〜9日（ninth）を続けます。

第2章

お客様の心をつかむ

飲食業のフレーズ

カフェ、レストラン、居酒屋など、飲
食店での接客に使える表現です。
食材や食べ方について伝えるのはも
ちろん、店や注文のシステムも説明
できるように覚えていきましょう。

何名様ですか？

How many people are you?

ハウ メネィ ピープゥ アー ユー？

 Two (people). (トゥー[ピープゥ]／2人です)、Three of us. (スリー オヴ ア[ス]／3人です)、Two adults, two children.(トゥー アダル[ツ]、トゥー チゥドレン／大人2人、子供2人です)、A table for five, please.(ア テイブゥ フォー ファイ[ヴ]、プリー[ズ]／5人用のテーブルをお願いします)といった 回答が想定されます。

ただ今お席の準備をいたします。

We'll get your table ready.

ウィゥ ゲッチョア テイブゥ レディ

テーブル席とカウンター席のどちらがよろしいですか？

Would you like a table or a counter seat?

ウッジュー ライカ テイブゥ オア ア カウンター スィーッ？

 見えるところにあれば、手で指し示しながら言いましょう。「座敷席」は、 a tatami area (ア タタミ エリア)です。

コートをお預かりしましょうか？

Shall I take your coat?

シャライ テイキョア コウッ？

 coatの部分は、状況に応じてumbrella(アンブレラ／傘)、bags (バァグズ／ かばん、荷物)などと置き換えて使いましょう。

ご予約はされていますか？
Do you have a reservation?
ドゥ ユー ハァヴァ レザヴェイシャン？

ご予約のお名前をお伺いできますか？
What name is the reservation under?
ワッ ネイム イ(ズ) ダ レザヴェイシャン アンダー？

 お客様の回答は、The reservation is under Lester.（ダ レザヴェイシャン イズ アンダー レスター／レスターの名で予約しています）となります。

本日は予約のお客様でいっぱいです。
Our reservations are full today.
アワ レザヴェイシャンズ アー フゥ トゥデイ

2時間制ですが、よろしいですか？
We have a 2-hour time limit. Is that OK?
ウィ ハァヴァ トゥー アワー タイム リミッ。イ(ズ) ダァッ オウケイ？

午後11時で閉店ですがよろしいですか？
We close at 11 p.m. Is that OK?
ウィ クロウズ アッ イレヴン ピーエ(ム)。イ(ズ) ダァッ オウケイ？

 閉店が近くなって駆け込みでいらっしゃるお客さんには、閉店までの時間をお伝えしておくと、万一のトラブルを避けられます。

本日の営業時間は終了しました。
We are closed for today.
ウィ アー クロウ(ズド) フォー トゥデイ

お好きなお席へどうぞ。

Please sit anywhere you like.

プリー(ズ) スィッ エネウェア ユー ライ(ク)

 sitを「シッ」と発音しないように気を付けましょう。shit (糞を意味する俗語) のように聞こえる可能性があります。

奥のお席にどうぞ。

Please have the table at the back.

プリー(ズ) ハァヴ ダ テイブゥ アッダ バァ(ク)

 「手前の」なら、at the front (アッダ フランッ)、「窓際の」はby the window (バイ ダ ウィンドウ)、「カウンターの」はat the counter (アッ ダ カウンター)と言い換えてください。

お席は別れても大丈夫ですか？

Would you mind sitting separately?

ウッジュー マインッ スィッティン セパレッリー？

相席になりますが、よろしいですか？

Would you mind sharing a table?

ウッジュー マインッ シェアリン ア テイブゥ？

 直訳すると「相席を気にされますか？」なので、相席OKの場合は、No, I don't mind. のような否定形の返事になります。

カウンター席でもよろしいですか？

Is a counter seat all right?

イ(ズ) ア カウンター スィーッ オーゥ ライッ？

混んできましたら、お席の移動のご協力をお願いします。

We may have to move you when it gets crowded.

ウィ メイ ハァ(フ) トゥ ムー(ヴ) ユー ウェン イッ ゲッ(ツ) クラウディッ(ド)

こちらの席でよろしいですか？

Is this seat fine with you?

イ(ズ) ディ(ス) スィーッ ファイン ウィズ ユー？

喫煙席と禁煙席、どちらがよろしいですか？

Would you like the smoking or nonsmoking section?

ウッジュー ライッ ダ スモウキン オア ノンスモウキン セクシャン？

 喫煙席はsmoking seat、禁煙席はnonsmoking seatでも通じますが、これらはどちらかというと交通機関の座席でよく使われる語です。

喫煙席しか空いておりません。

We only have tables in the smoking section right now.

ウィ オウンリー ハァ(ヴ) テイブゥ(ズ) イン ダ スモウキン セクシャン ライッ ナウ

 海外では、喫煙席自体のない飲食店が増えています。たばこの煙を気にするお客様が多いことは念頭に置いて接客すると良いでしょう。

お履物はこちらでお脱ぎください。
Please take off your shoes here.
プリー(ズ) テイコ(フ) ヨア シュー(ズ) ヒア

靴はこちらの靴箱にお入れください。
Please put your shoes on this shelf.
プリー(ズ) プチョア シュー(ズ) オン ディ(ス) シェゥ(フ)

(熱い)おしぼりでございます。
Here <u>is a hot towel</u> / <u>are some hot towels</u>.
<u>ヒア リズ ア ホッ タウォゥ／アー サ(ム) ホッ タウォゥ(ズ)</u>

 冷たいおしぼりの場合は、hotをcold（コウゥド）に換えましょう。なお、日本以外では通常、お食事前におしぼりを渡す習慣はありません。渡されてキョトンとされているお客様にはThis is for wiping your hands.（ディスィ[ズ]フォー ワイピンギョア ハン[ズ]／これは手を拭くためのものです）と説明してください。

全員おそろいですか？
Is everyone here?
イ(ズ) エヴリワン ヒア？

すぐに案内できない場合は

❷
飲食業

現在満席です。
We are full right now.
ウィ アー フゥ ライッ ナウ

30分ほどお待ちいただくと思います。
Waiting time is about 30 minutes.
ウェイティン タイ(ム) イ(ズ) アバウッ サーティ ミナッ(ツ)

15分ぐらいでお席のご用意ができます。
Your table will be ready in about 15 minutes.
ヨア テイブゥ ウィゥ ビー レディ イナバウッ フィ(フ)ティーン ミナッ(ツ)

待ち時間がどれくらいになるか、はっきりとは申し上げられません。
I cannot give you an exact waiting time.
アイ キャノッ ギ(ヴ) ユー アネグザ(クト) ウェイティン タイ(ム)

順番にご案内いたします。
Please wait in line to be served.
プリー(ズ) ウェイティン ライン トゥ ビー サー(ヴド)

（「何番目ですか？」に対して）お客様は5番目です。

You are 5th in line.

ユー アー フィ(フス) イン ライン

 Where am I in line? (ウェア アム アイ イン ライン？／私は何番目ですか？) とお客様に聞かれた場合は、このように返答します。序数は、日付と同じ言い方です(p.47、48参照)。

こちらにお名前を書いてお待ちください。

Please write your name here and wait.

プリー(ズ) ライッチョア ネイ(ム) ヒア アン ウェイッ

こちらに1列に並んでお待ちください。

Please make a single line here while you wait.

プリー(ズ) メイカ スィングゥ ライン ヒア ワイゥ ユー ウェイッ

メニューをご覧になってお待ちいただけますか？

Would you like to look at the menu while you are waiting?

ウッジュー ライッ トゥ ルッカッ ダ メニュー ワイゥ ユー アー ウェイティン？

 「申し訳ありませんが、英語のメニューはございません」は、Sorry, we don't have an English menu. (ソーリー、ウィ ドウンッ ハァヴ アニングリ[シュ] メニュー)です。

ここでお待ちください。

Please wait here.

プリー(ズ) ウェイッ ヒア

英語のメニューを取ってまいりますので、お待ちください。

Please wait. I'll get you an English menu.

プリー(ズ) ウェイッ。アイゥ ゲッチュー アニングリッ(シュ) メニュー

 日本に不慣れなお客様の場合、メニューの英訳を見ても、その料理がどういうものなのかピンとこないことが多々あります。和食については特に、写真を添えたメニューが喜ばれます。

3名でお待ちのフルキ様、お待たせしました。

Three guests under Mr. / Ms. Furuki, your table is ready.

スリー ゲス(ツ) アンダー ミスター/ミ(ズ) フルキ、ヨア テイブゥ イ(ズ) レディ

お席の準備ができましたので、ご案内いたします。

Your table is ready. Please follow me.

ヨア テイブゥ イ(ズ) レディ。プリー(ズ) フォロウ ミー

予約の電話を受ける

お電話ありがとうございます、ABCレストラン新宿店です。ヨウコが承ります。

Thank you for calling ABC Restaurant, Shinjuku. Yoko speaking.

サンキュー フォー コーリン エイビースィー レスチュラン シンジュク。ヨウコ スピーキン

 ABC Restaurant, Shinjuku. と店の名前だけを言っても構いません。組み合わせとしてよく使われる表現に、May I help you?(メイ アイ ヘゥピュー？)があります。

ご予約はいつになさいますか？

When would you like to make your reservation for?

ウェン ウッジュー ライッ トゥ メイキョア レザヴェイシャン フォー？

土日には予約を受け付けておりません。

We don't take reservations on weekends.

ウィ ドウンッ テイッ レザヴェイシャンズ オン ウィーケン(ズ)

確認しますので少々お待ちください。

Please hold on a moment while I check.

プリー(ズ) ホウル(ド) オンナ モウメンッ ワイゥ アイ チェ(ク)

申し訳ありませんが、その時間は予約がいっぱいです。

I'm sorry, but we are fully booked then.

アイ(ム) ソーリー、バッ ウィ アー フゥリー ブッ(クト) デン

何名様でしょうか？

For how many people?

フォー ハウ メネィ ピープゥ？

<u>For when and</u> for how many people?（何月何日に何名様でしょうか？）
と、日時までまとめて聞く言い方もあります。

1月31日の午後8時から、5名様のご予約ですね。合っていますか？

Your reservation is for 5 people on January 31st at 8 p.m. Is that right?

ヨア レザヴェイシャン イ(ズ) フォー ファイ(ヴ) ピープゥ オン ジャニュウェリー サーティファー(スト) アッ エイッ ピーエ(ム)。イ(ズ) ダァッ ライッ？

お名前とお電話番号をお伺いできますか？

May I have your name and phone number?

メイ アイ ハァヴ ヨア ネイ(ム) アン フォウン ナンバー？

復唱します。

I'll just repeat that.

アイゥ ジャ(スト) リピーッ ダァッ

これを言った後に、お客様の名前や電話番号を述べていきます。

それでは当日お待ちしております。

We look forward to seeing you then.

ウィ ルッ(ク) フォーワーッ トゥ スィーンギュー デン

 電話を切る時の「失礼いたします」は、Goodbye.(グッバイ)の一言で失礼には当たりません。

 予約の電話

020

Staff : Restaurant Japan. **May I help you?**

Customer : I'd like to make a reservation.

Staff : **Certainly,** ma'am. **For when and how many people?**

Customer : I'd like a table for tomorrow at 7 p.m. for two people.

Staff : **I'm sorry, but we are fully booked then.**

Customer : How about 8 p.m.?

Staff : That's fine. **Would you like a table, a counter seat or a tatami area?**

Customer : A tatami area, please.

Staff : We have **the chef's selection for** 8,000 yen each, and that has to be ordered in advance. Would you be interested in that?

Customer : Sure.

Staff : **Do you have any food preferences or allergies?**

Customer : My husband is allergic to gluten.

Staff : OK, we will prepare non-gluten dishes. What about you, ma'am?

Customer : I eat anything.

Staff : Is it a special occasion?

Customer : Yes, it's our anniversary.

Staff : Noted. We'll serve you some desserts **on the house. May**

I have your name and phone number?

Customer : My name is Alice Atwood and the phone number is
123-456-789.

Staff : Thank you. **We look forward to seeing you** tomorrow at
8 p.m.

店員：レストランジャパンです。お伺いします。
　客：予約をお願いします。
店員：かしこまりました。何月何日に何名様でしょうか？
　客：明日の午後7時に2名で予約したいのですが。
店員：申し訳ありませんが、その時間は予約がいっぱいです。
　客：午後8時はどうですか？
店員：大丈夫です。テーブル席、カウンター席、お座敷席がございますが、いずれに
　　　いたしましょうか？
　客：お座敷席でお願いします。
店員：お任せコースが1名様8,000円ですが、こちらはご予約が必要です。ご興味は
　　　ありますか？
　客：ええ。
店員：食べ物のご希望、アレルギーはございますか？
　客：夫はグルテンアレルギーなんです。
店員：承知いたしました。グルテンフリーの料理を用意いたします。奥様はいかがで
　　　すか？
　客：私は何でも食べます。
店員：何か特別の機会ですか？
　客：ええ、記念日です。
店員：承知いたしました。無料サービスでデザートをご用意いたします。お名前と電
　　　話番号をお伺いできますか？
　客：名前はアリス・アトウッドで、電話番号は123-456-789です。
店員：ありがとうございます。明日の午後8時にお待ちしております。

※太字は本書に登場しているフレーズです。

ただ今の時間、全席禁煙です。
All tables are nonsmoking at this time.
オーゥ テイブゥ(ズ) アー ノンスモウキン アッ ディ(ス) タイ(ム)

ランチタイムは午前11時から午後3時までです。
Lunch is served from 11 a.m. to 3 p.m.
ランチ イ(ズ) サー(ヴド) フロ(ム) イレヴン エイエイ(ム) トゥ スリー ピーエ(ム)

ラストオーダーは午後9時です。
Last orders are at 9 p.m.
ラァ(スト) オーダー(ズ) アー アッ ナイン ピーエ(ム)

 「お飲み物のラストオーダー」はlast drink orders(ラァ[スト] デュリン[ク]
オーダー[ズ])です。

お水はセルフサービスとなっております。
Please help yourself to the water.
プリー(ズ) ヘゥピョアセゥ(フ) トゥ ダ ウォーター

お1人様、お料理を1品以上ご注文いただいています。
There is a minimum order of one item per guest.
デア リズ ア ミニマ(ム) オーダー オヴ ワン アイテ(ム) パー ゲ(スト)

 「お飲み物を1品以上」の場合はitemをdrink(デュリンク)にすること。この他、
p. 91のPlease order ... のようなお願いの仕方もあります。

先に食券をお買い求めください。
Please buy a meal ticket first.

プリー(ズ) バイ ア ミーゥ ティケッ ファー(スト)

食券システムを採用している飲食店は、海外では珍しいものです。システムがよくわからないお客様にはPlease buy your ticket from this vending machine. (プリー[ズ] バイ ヨア ティケッ フロ[ム] ディ[ス] ヴェンディン マシーン／この自動販売機から食券をお買い求めください)と指し示すといいでしょう。

お会計はレジでお願いします。
Please pay at the cash register.

プリー(ズ) ペイ アッ ダ キャ(シュ) レジ(ス)ター

先にお会計をお願いします。
Please pay upfront.

プリー(ズ) ペイ ア(プ)フランッ

お食事がお済みの際は、こちらの伝票を入り口のスタッフにお渡しください。
After your meal, please give this bill to the staff at the entrance.

ア(フ)ター ヨア ミーゥ、プリー(ズ) ギ(ヴ) ディ(ス) ビゥ トゥ ダ スタァ(フ) アッ ディ エンチュラン(ス)

お客様の中には、テーブルに着いたまま会計を済ませるのが普通と思い、食後も長い間席でお待ちになる方もいらっしゃいます。伝票を持って行く際、こう言うと良いでしょう。

ごはん／お味噌汁／コーヒーは、お代わり自由となっております。

You can have free refills of rice / miso soup / coffee.

ユー キャン ハァ(ヴ) フリー リフィゥ(ズ) オ(ヴ) ライ(ス)／ミソ スー(プ)／コーフィ

お代わりはご自由にお申し付けください。

Feel free to call a server for seconds.

フィーゥ フリー トゥ コーラ サーヴァー フォー セカン(ズ)

 「お代わり」はsecondsです。お客様が言う「お代わりお願いします」はCan I have seconds?（キャナイ ハァ[ヴ] セカンズ?）となります。

お水／お茶のお代わりはいかがですか？　無料です。

More water / tea? It's free.

モア ウォーター／ティー？　イッ(ツ) フリー

 北米では通常、ブランドのボトルでない水は無料、お茶類は有料です。It's free.と付け足すことで安心されるお客様もいるので、状況に応じて使いましょう。

ドリンクバーはあちらにございます。

The soda fountain is over there.

ダ ソウダ ファウンテン イズ オウヴァー デア

 ドリンクバーは和製英語。soda fountainの他、soft drink cornerと言っても構いません。値段について述べる場合はp. 78を参照してください。

備え付けのカップをご自由にご利用ください。

Please use the cups provided.

プリー(ズ) ユー(ズ) ダ カプ(ス) プロヴァイディッ(ド)

お代わりは1杯まで無料です。

You get one free refill.

ユー ゲッ ワン フリー リフィゥ

飲み放題は90分間です。

All-you-can-drink is limited to 90 minutes.

オーゥ ユー キャン デュリン(ク) イ(ズ) リミテットゥ ナインティ ミナッ(ツ)

 「食べ放題」は、All-you-can-eatになります。

こちらは飲み放題のメニューです。

This is the all-you-can-drink menu.

ディスィ(ズ) ディ オーゥ ユー キャン デュリン(ク) メニュー

プラス500円でこちらも飲み放題になります。

For an extra 500 yen, you can get free refills of these drinks.

フォー アネ(クス)チュラ ファイ(ヴ) ハンデュレ(ド) イェン、ユー キャン ゲッ フリー リフィゥ(ズ) オ(ヴ) ディー(ズ) デュリンク(ス)

お次のお飲み物はいかがいたしましょうか？

What would you like to drink next?

ワッ ウッジュー ライッ トゥ ヂュリン(ク) ネク(スト)？

食べ放題のメニューはこのページだけです。

All-you-can-eat items are on this page only.

オーゥ ユー キャン イーッ アイテム(ズ) アー オン ディ(ス) ペイ(ジ) オウンリー

こちらは別料金です。

There is a separate charge for these.

デア リズ ア セパレッ チャー(ジ) フォー ディー(ズ)

注文を受ける

023

ご用の際は、こちらのボタンを押してください。
Press this button if you need anything.

プレ(ス) ディ(ス) バトゥン イフ ユー ニー(ド) エネスィン

 欧米のレストランでは、ボタンでスタッフを呼ぶ方式は珍しいものです。ボタン制を採用しているお店では、外国からのお客様にはあらかじめこうご説明すると親切です。

ご注文がお決まりになりましたら、お呼びください。
Please let us know when you are ready.

プリー(ズ) レッタ(ス) ノウ ウェン ユー アー レディ

こちらがメニューです。
Here is the menu.

ヒア リ(ズ) ダ メニュー

ご注文はお決まりですか？
Are you ready to order?

アー ユー レディ トゥ オーダー？

先にお飲み物をお伺いしてもよろしいですか？
May I start with your drink orders?

メイ アイ スターッ ウィズ ヨア ヂュリン(ク) オーダー(ズ)？

❷ 飲食業

当店のおすすめは、天ぷらの盛り合わせです。

Our recommendation is the assorted tempura.

アワ レコメンデイシャン イ(ズ) ディ アソーティッ(ド) テンプラ

 What do you recommend?（ワッ ドゥ ユー レコメンッ？／おすすめ品
は何ですか？）とお客様に聞かれる時に備えて、メニューの中のおすすめの
品の英語を覚えておきましょう。

20分ほどお時間を頂きますが、よろしいですか？

It will take about 20 minutes. Is that all right?

イッ ウィゥ テイカバウット トゥウェンティ ミナッ(ツ)。イ(ズ) ダァッ オーゥ ライッ？

申し訳ありませんが、本日は売り切れです。

I'm sorry, but it's sold out today.

アイ(ム) ソーリー、バッ イッ(ツ) ソウゥダウット トゥデイ

この中から、お2つお選びください。

Please pick two from here.

プリー(ズ) ピッ(ク) トゥー フロ(ム) ヒア

こちらは、2人前からご注文を承っています。

This item has a minimum order of two servings.

ディ(ス) アイテ(ム) ハァザ ミニマ(ム) オーダー オ(ヴ) トゥー サーヴィング(ズ)

ご注文は以上でよろしいですか？

Will that be everything?

ウィゥ ダアッ ビー エヴリスィン？

他にご注文はございますか？

Would you like anything else?

ウッジュー ライッ エネスィン エゥ(ス)？

 Anything else?（エネスィン エゥス？）だけでも構いません。

ご注文を確認いたします。生ビールが3点、シーザーサラダが1点。

Let me confirm your order. Three draft beers, one Caesar salad.

レッミー コンファー(ム) ヨア オーダー。スリー ヂュラァ(フト) ビアー(ズ)、ワン スィーザー サァラ(ド)

お料理のラストオーダーのお時間です。何かご注文はございますか？

We are taking last food orders. Would you like anything?

ウィ アー テイキン ラァ(スト) フー(ド) オーダー(ズ)。ウッジュー ライッ エネスィン？

メニューをお下げしてもよろしいですか？

May I take your menus?

メイ アイ テイキョア メニュー(ズ)？

デザートをお持ちいたしましょうか？

Shall I bring your dessert?

シャライ ブリンギョア ディザーッ？

料理を説明する表現

外国人のお客様から、メニューについて英語で説明を求められることもある
でしょう。料理の英語には、独特のグルメ用語があり、英語上級者でも使い
こなすのは容易ではありません。以下の4つのポイントに着目して、最低限
の説明はできるようにしておきましょう。

① 具材の英語名を伝える

エビならshrimp（シュリン[プ]）、イカならsquid（スクウィッ[ド]）と言う
ように、まずはその料理のメイン食材を英語で言えるようになりましょう
（p. 152にある単語リストも参考にしてください）。

② 調理法を伝える

その料理が「揚げもの」なのか「炒めもの」なのかなどは非常に重要な情報
です。例えば、肉じゃがは、肉とジャガイモを「煮込んだ（stewed）」もの
です。<u>stewed</u> beef and potato（ステュー[ド] ビー[フ] アン ポテイトウ）
と言うことができます。

③ 味を大雑把に述べる

実際の食べ物の味は複雑ですが、その料理が甘いのか、辛いのか、などは伝
えられるようにしましょう。「甘い」のであれば、It tastes <u>sweet</u>.（イッ テ
イ[スツ] スウィーッ）のように言います。

④ 食感を伝える

「柔らかい」はsoft（ソ[フト]）、「固い」はhard（ハー[ド]）、「ネバネバ」
はsticky（スティッキィ）、「かみごたえがある」はchewy（チューウィ）です。
It melts in your mouth.（イッ メウツ イン ヨア マウ[ス]／口の中で溶け
ます）という表現も定番です。

味や調理法			**024**
● 甘い	sweet	スウィーツ	
● 辛い	spicy	スパイスィ	

● 塩辛い	salty	ソゥティ
● 甘辛い	sweet and spicy	スウィーッ アン スパイスィ
● 苦い	bitter	ビター
● 酸っぱい	sour	サゥワー
● 網で焼いた	grilled	グリゥ(ド)
● オーブンで焼いた	roasted	ロウスティッ(ド)
● 炭火で焼いた	barbecued	バーベキュー(ド)
● 薫製にした	smoked	スモウ(クト)
● 炒めた	stir-fried	スターフライ(ド)
● ソテーにした	sautéed	ソゥテイ(ド)
● 揚げた	deep-fried	ディーッフライ(ド)
● 蒸した	steamed	スティー(ムド)
● ゆでた	boiled	ボイゥ(ド)
● 弱火で煮た	simmered	スィマー(ド)
● 煮込んだ	stewed	ステュー(ド)
● 薄切りにした	thinly sliced	スィンリー スライ(スト)
● 千切りにした	shredded	シュレディッ(ド)
● 刻んだ	chopped	チョッ(プト)
● (ジャガイモなどを)つぶした	mashed	マァ(シュト)
● (ニンニクなどを)つぶした	crushed	クラ(シュト)
● 漬けた	pickled	ピクゥ(ド)
● すりおろした	grated	グレイティッ(ド)
● 詰め物にした	stuffed	スタ(フト)
● ～で和えた	dressed in ～ sauce	デュレスティン ～ ソー(ス)
● 衣の付いた	battered	バァター(ド)
● マリネにした	marinated	マァリネイティッ(ド)

サイズはどうなさいますか？
Which size would you like?

ウィッ(チ) サイ(ズ) ウッジュー ライ(ク)？

 sizeは、必要に応じてtopping（トッピン／トッピング）やweight（ウェイッ／重さ）などに置き換えて使うことができます。

ドレッシングは、ごまと醤油がございますが、どちらになさいますか？
Which dressing would you like, sesame or soy-sauce?

ウィッ(チ) デュレスィン ウッジュー ライ(ク)、セサミー オア ソイソー(ス)？

ステーキの焼き加減はどうなさいますか？
How would you like your steak?

ハウ ウッジュー ライッ ヨア ステイ(ク)？

 rare（レア）⇒medium（ミーディア[ム]）⇒well done（ウェゥダン）が基本です。さらに細かい区分として、それぞれの間をmedium rare、medium wellと言うこともあります。

スープは、この3種類の中からお選びください。

Please choose one of the three soups.

プリー(ズ) チュー(ズ) ワン オ(ヴ) ダ スリー スー(プス)

こちらにはライスかパンが付いておりますが、どちらになさいますか？

This comes with rice or bread. Which would you like?

ディ(ス) カム(ズ) ウィ(ズ) ライ(ス) オア ブレッ(ド)。ウィッ(チ) ウッジュー ライ(ク)？

ドリンクはお食事と一緒にお持ちしましょうか？
それとも後でお持ちしましょうか？

**Do you want your drinks with your meal?
Or after your meal?**

ドゥー ユー ウォンチョア ヂュリン(クス) ウィズ ヨア ミーゥ？ オア ア(フ)ター ヨア ミーゥ？

ドリンクはいつお持ちすれば良いですか？

When would you like your drinks?

ウェン ウッジュー ライッ ヨア ヂュリン(クス)？

温かいのと冷たいの、どちらになさいますか？

Would you like it hot or cold?

ウッジュー ライキッ ホッ オア コウゥ(ド)？

苦手な食材はございますか？

Is there anything you cannot eat?

イ(ズ) デア エネスィン ユー キャノッ イーッ？

 アレルギー、健康、宗教や主義上の理由、好き嫌いで食べられないものがあるかどうか聞く時の定番表現です。

何かアレルギーはございますか？

Do you have any allergies?

ドゥ ユー ハァヴ エネィ アァラジー(ズ)？

 「食べ物の好みはございますか？」ならallergiesの部分をfood preferences（フー[ド] プレファランスィ[ズ]）に変えます。

この料理には乳製品が入っていますが、よろしいですか？

This dish contains dairy. Is that all right?

ディ(ス) ディッ(シュ) コンテイン(ズ) デイリー。イ(ズ) ダァッ オーゥ ライッ？

この料理には豚由来の材料が含まれています。

This dish contains pork products.

ディ(ス) ディッ(シュ) コンテイン(ズ) ポー(ク) プロダ(クツ)

 porkは「豚肉」ですが、pork productsと言えば、ベーコンなどの豚肉加工食品ほか、ラードなども表すことができます。牛由来の材料が駄目なヒンズー教徒のお客様などの場合は、porkの部分をbeefに変更すると良いでしょう。

この料理には、大豆やナッツが含まれておりません。
This dish doesn't contain soy or nuts.
ディ(ス) ディッ(シュ) ダズンッ コンテイン ソイ オア ナッ(ツ)

当店には、ベジタリアン向け料理がございません。
We don't have any vegetarian dishes.
ウィ ドウンッ ハァ(ヴ) エネィ ヴェジテリアン ディッシィ(ズ)

主なアレルギー食品		027
● 牛乳	milk	ミゥ(ク)
● 卵	egg	エッ(グ)
● 大豆	soybean	ソイビーン
● 小麦	wheat	ウィーッ
● ナッツ類	nuts	ナッ(ツ)
● ピーナツ	peanut	ピーナツ
● アーモンド	almond	アーマン(ド)
● カシューナッツ	cashew	キャシュー
● クルミ	walnut	ウォーゥナッ
● 魚	fish	フィ(シュ)
● タラ	cod	コッ(ド)
● 平魚(ヒラメ・カレイ)	flounder	フラウンダー
● 甲殻類	shellfish	シェゥフィ(シュ)
● カニ	crab	クラァ(ブ)
● ロブスター	lobster	ロブスター
● エビ	shrimp	シュリン(プ)

食の規律

世界には、口にするものを制限している人たちが多くいます。その根拠として代表的なものを知っておきましょう。

ベジタリアン
通常「菜食主義」と訳されますが、その中にもいろいろなレベルがあります。

① **「哺乳類の肉」を食べない人**。豚肉や牛肉は口にしませんが、鶏肉や七面鳥は食べます。厳密には「ベジタリアン」の1歩手前のレベルです。

② **肉は食べないが、魚は食べる人**。この場合、魚の風味付けなどに鶏や豚のだしを使ってもいい人ととそうでない人がいます。

③ **肉も魚も食べないが、卵や牛乳は食べる人**。この辺りから本格的なベジタリアンと呼ばれます。肉や魚のだしも駄目という人が多くなります。

④ **肉、魚、卵、牛乳、および、これらを使っただしも一切受け付けない人**。vegan（ヴィーガン）と呼ばれます。

宗教
以下は、宗教における食のルールの代表的なものです。

① **イスラム教…ハラル**
豚肉は不浄とされ、アルコールは調味料としてでさえ使いません。食肉の処理の仕方や食べ物の梱包まで、詳細にわたるルールがあります。

② **ヒンズー教**
牛は神聖な動物であり、食べることは禁忌とされます。豚も食べられません。

③ **ユダヤ教…コーシャー（カシュルート）**
ユダヤ教の食べ物の清浄規定にかなったものです。一定の方法で食肉は処理され、特に血をよく抜くことが重要視されます。

ただ、食事制限をどれだけ実行するかは人それぞれで、例えばイスラム教徒でも、ハラルを守る度合いには差があります。禁忌の食材でもだしや味付け程度なら不問とする人たちもいれば、あらゆるものについて、製造・調理の工程までチェック機関の認証を受けたものしか口にしない、という人たちもいます。

「ベジタリアンだから」「この宗教だから」といって決めてかかると、かえってお客様をがっかりさせてしまうことにもつながりかねません。こうした知識を持った上で、先入観なくお客様ご自身に確認しましょう。

お好みでセットをお選びいただけますが、いかがですか？

Would you like to make it a combo?

ウッジュー ライッ トゥ メイキッ ア コンボウ？

 「セット」は英語ではcomboです。setと言ってもおそらく通じないので注意してください。セットか単品かを確認する方法として、Would you like a combo or just by itself? (p. 94)のような言い方もあります。

セットにはスープとサラダ、ドリンクが付いています。

A combo comes with soup, salad and a drink.

ア コンボウ カム(ズ) ウィ(ズ) スー(プ)、サァラ(ド)、アンダ ヂュリン(ク)

セットのドリンクは、こちらからお選びいただけます。

You can choose a combo drink from here.

ユー キャン チュー(ズ) ア コンボウ ヂュリン(ク) フロ(ム) ヒア

ハーフサイズになさいますと、50円引きになります。

If you make it half-size, it's 50 yen off.

イフ ユー メイキッ ハー(フ)サイ(ズ)、イッ(ツ) フィ(フ)ティ イェノ(フ)

大盛り無料ですが、どうなさいますか？
Would you like to upsize for free?
ウッジュー ライッ トゥ ア(プ)サイ(ズ) フォー フリー？

 「大盛り」はlarge serving(ラー[ジ] サーヴィン)とも言います。「大盛りにな
さいますか？」ならWould you like a large serving?(ウッジュー ライカ
ラー[ジ] サーヴィン？)です。

モーニングセットがございます。
We have breakfast specials.
ウィ ハァ(ヴ) ブレ(ク)ファー(スト) スペシャゥ(ズ)

ドリンクバーでの飲み放題はいかがですか？　1杯目は
200円です。
Would you like free refills at the soda
fountain? The first drink is 200 yen.
ウッジュー ライッ フリー リフィゥ(ズ) アッダ ソウダ
ファウンテン？　ダ ファー(スト) デュリン(ク) イ(ズ) トゥー ハンヂュレ(ド) イェン

 飲み放題が有料の場合、このThe first drink is ... の形で値段を伝えると良
いでしょう。

こちらは、期間限定の特別メニューです。
This is our special limited-time menu.
ディスィ(ズ) アワ スペシャゥ リミテッタイ(ム) メニュー

本日は、ポテトが100円となっております。
Today we are offering French fries for 100 yen.
トゥデイ ウィ アー オファリン フレンチ フライ(ズ) フォー ワン ハンヂュレ(ド) イェン

お任せコースが2,980円でございますが、いかがですか？

Would you like to try the chef's selection for 2,980 yen?

ウッジュー ライッ トゥ チュライ ダ シェ(フズ) セレクシャン フォー
トゥー サウザン(ド) ナイン ハンヂュレ(ド) エイティ イェン？

本日のおすすめはこちらです。

This is today's recommendation.

ディスィ(ズ) トゥデイ(ズ) レコメンデイシャン

「当店のおすすめ」であれば、<u>our</u> recommendation（アワ レコメンデイシャン）になります。

本日の日替わりメニューはこちらです。

This is our menu of the day.

ディスィ(ズ) アワ メニュー オ(ヴ) ダ デイ

出来たてをご用意いたします。

We will make one fresh.

ウィゥ メイ(ク) ワン フレッ(シュ)

こちらの牡蠣（かき）は北海道産です。

These oysters are from Hokkaido.

ディー(ズ) オイスター(ズ) アー フロ(ム) ホッカイドウ

Kyoto、オリンピックの開催されたNagano、Hokkaido（Sapporo）などは、海外でも高い認知度を誇ります。お客様へのアピールや会話のネタとして使っても良いでしょう。

ご希望でしたら、ニンニク抜きにできます。

We can leave out the garlic if you want.

ウィ キャン リー(ヴ) アウッ ダ ガーリッ(ク) イ(フ) ユー ウォンッ

メニューにないものをご希望でしたら、試しにお作りしてみることもできます。

If you'd like to eat something not on the menu, we can try to make it for you.

イ(フ) ユー(ド) ライッ トゥ イーッ サムスィン ノットン ダ
メニュー、ウィ キャン チュライ トゥ メイキッ フォー ユー

ご注文は承っていますか？

Have you ordered already?

ハァ(ヴ) ユー オーダー(ド) オーゥレディ？

 alreadyとyetは混同しやすい語ですが、お客様に「もう注文なさってますよね？」と確認する時にはalreadyの方が適切です。

こちらもご一緒にいかがですか？

Would you like to try it with this?

ウッジュー ライッ トゥ チュライ イッ ウィ(ズ) ディ(ス)？

半分にお切りしましょうか？

Would you like it cut in half?

ウッジュー ライキッ カッ イン ハー(フ)？

もう少し食べやすい大きさにお切りしましょうか？

Would you like it cut into smaller pieces?

ウッジュー ライキッ カッ イントゥ スモーラー ピースィ(ズ)？

取り皿をご利用になりますか？

Would you like some extra plates?

ウッジュー ライッ サ(ム) エクスチュラ プレイ(ツ)？

お取り分けいたしましょうか？

Shall I divide it for you?

シャライ ディヴァイディッ フォー ユー？

ナイフとフォークをお持ちしましょうか？

Would you like a knife and fork?

ウッジュー ライカ ナイ(フ) アン フォー(ク)？

 海外のお客様には、箸を上手に使いこなせる方が大勢いらっしゃいます。最初からこう聞くのは考えものですが、苦戦されているようでしたら、迷わずこう尋ねてみましょう。

お待ちの間にこちらをお召し上がりください。

Here is a snack while you wait.

ヒア リズ ア スナッ(ク) ワイゥ ユー ウェイツ

 日本の「お通し」に当たるものがない文化も多いので、無料ならThis is on the house.(p. 82)と付け加えましょう。お客様も安心されるはずです。「お通し」の説明の仕方については、p. 105を参照してください。

肉汁／ソースが跳ねますので、ご注意ください。

The juice / sauce may splash. Please be careful.

ダ ジュー(ス)／ソー(ス) メイ スプラッ(シュ)。プリー(ズ) ビー ケアフゥ

器／鉄板がお熱くなっておりますので、ご注意ください。

The plate / metal grill is very hot. Please be careful.

ダ プレイッ／メタゥ グリゥ イ(ズ) ヴェリー ホッ。プリー(ズ) ビー ケアフゥ

量が多いですがよろしいですか？

This is quite large. Is that all right?

ディスィ(ズ) クワイッ ラー(ジ)。イ(ズ) ダァッ オーゥ ライッ？

もっと辛くすることもできます。

We can make it spicier if you like.

ウィ キャン メイキッ スパイスィアー イフ ユー ライ(ク)

こちらはサービスです。

This is on the house.

ディスィ(ズ) オン ダ ハウ(ス)

 お店側がお客様に無料で料理を提供する場合の決まり文句です。英語のservice に「無料」の意味はありません。

残りをお持ち帰りになりますか？

Would you like to take the leftovers?

ウッジュー ライッ トゥ テイッ ダ レ(フ)トオゥヴァー(ズ)？

82

この団子は**イワシのすり身**と**小麦粉、卵**でできています。

This ball is made of minced sardine, flour and eggs.

ディ(ス) ボーゥ イ(ズ) メイド(ヴ) ミン(スト) サーディーン、フラワー アン エッ(グズ)

 「～でできている」はbe made of ～（ビーメイドヴ～）で表します。～の部分に材料名を足していきましょう。

醤油、しょうが、ごま油で味付けしております。

This is seasoned with soy sauce, ginger and sesame oil.

ディスィ(ズ) スィーズン(ド) ウィ(ズ) ソイ ソー(ス)、ジンジャー アン セサミー オイゥ

この**鶏肉料理**は、**タマネギ**と**マヨネーズ**を使っています。

This chicken dish has onion and mayonnaise.

ディ(ス) チキン ディッ(シュ) ハァ(ズ) アニヤン アン メヤネイ(ズ)

こちらのソースに付けてお召し上がりください。

Please dip it in this sauce.

プリー(ズ) ディッピッ イン ディ(ス) ソー(ス)

味が付いています。

This is already seasoned.

ディスィ(ズ) オーゥレディ スィーズン(ド)

お好きな食べ方でお召し上がりください。

You can eat it however you like.

ユー キャン イーティッ ハウエヴァー ユー ライ(ク)

薬味をお好みでご利用ください。

You can add condiments to your liking.

ユー キャン アァ(ド) コンディメン(ツ) トゥ ヨア ライキン

 もみじおろし、おろししょうが、あさつき類などはすべてcondimentsで表せます。

よく振ってください。

Please shake it well.

プリー(ズ) シェイキッ ウェゥ

よくかき混ぜてください。

Please mix it well.

プリー(ズ) ミックスィッ ウェゥ

そのままお召し上がりください。

Please eat it as it is.

プリー(ズ) イーティッ ア(ズ) イッティ(ズ)

 「そのままで(as it is)」とは「何も付けずに」ということです。

レモンをしぼってお召し上がりください。

Please squeeze the lemon over it.

プリー(ズ) スクウィー(ズ) ダ レマン オウヴァーリッ

塩だけで試してみてください。

Please try this only with salt.

プリー(ズ) チュライ ディ(ス) オウンリー ウィ(ズ) ソゥ(ト)

この鍋でゆでてお召し上がりください。

Please eat it after cooking it in this pot.

プリー(ズ) イーティッ ア(フ)ター クッキンギッ イン ディ(ス) ポッ

この部分はお召し上がりいただけません。

You cannot eat this part.

ユー キャンノッ イーッ ディ(ス) パーッ

 「こちらはただの飾りです」は、This is just for decoration. (ディスィ[ズ] ジャ[スト] フォー デカレイシャン)です。

● 砂糖	sugar	シュガー
● 塩	salt	ソゥ(ト)
● 醤油	soy sauce	ソイ ソー(ス)
● 味噌	miso	ミソ
● ごま油	sesame oil	セサミー オイゥ
● ラー油	Chinese chilli oil	チャイニー(ズ) チリ オイゥ
● 酢	vinegar	ヴィネガー
● バルサミコ酢	balsamic vinegar	バーゥサァミッ(ク) ヴィネガー
● みりん	sweet cooking sake	スウィーッ クキン サケ
● こしょう	pepper	ペパー
● 山椒	Japanese pepper	ジャパニー(ズ) ペパー
● 七味唐辛子	seven flavor chili spice	セヴン フレイヴァー チリ スパイ(ス)
● ゆずこしょう	yuzu citrus chili paste	ユズ スィチュラ(ス) チリ ペイ(スト)
● カレー粉	curry powder	カリ パウダー
● 豆板醤	spicy bean paste	スパイスィ ビーン ペイ(スト)
● マヨネーズ	mayo, mayonnaise	メヨウ、メヤネイ(ズ)
● タルタルソース	tartar sauce	ターターソー(ス)
● ウスターソース	Worcestershire sauce	ウォ(スタ)シャー ソー(ス)
● だし	broth, soup stock	ブロ(ス)、スー(プ) ストッ(ク)

料理を運ぶ・下げる

お待たせしました、鶏のから揚げでございます。

Thank you for waiting. Here is your bite-sized fried chicken.

サンキュー フォー ウェイティン。ヒア リズ ヨア バイッ サイ(ズド) フライ(ド) チキン

生ビールをご注文のお客様は…？

I have one draft beer for ...?

アイ ハァヴ ワン デュラァ(フト) ビアー フォー…？

 注文した人が誰かを確認する表現です。文末は挙げ調子で読みましょう。そうすることで「どなたの注文ですか？」の意味合いになります。

ご注文の品は、以上でおそろいですか？

Has everything arrived?

ハァ(ズ) エヴリィスィン アライ(ヴド)？

空いているお皿をお下げしてもよろしいですか？

May I take your empty plates?

メイ アイ テイキョア エンプティ プレイ(ツ)？

追加のご注文はございますか？

Would you like to order anything else?

ウッジュー ライッ トゥ オーダー エネスィン エゥ(ス)?

(料理を出した時に)ごゆっくりどうぞ。

Enjoy your meal.

エンジョイ ヨア ミーゥ

(食後お皿を下げた後に)ごゆっくりどうぞ。

Feel free to relax.

フィーゥ フリー トゥ リラァ(クス)

 閉店間際などにお客様から「もう帰らないといけませんか？」と尋ねられた時にも使えます。Take your time. でも構いません。

こちらは、次回来店時にお使いいただけるクーポン券です。

Here is a coupon for your next visit.

ヒア リズ ア クーポーン フォー ヨア ネク(スト) ヴィズィッ

調理場に聞いてまいります。

Let me go and check in the kitchen.

レッ ミー ゴウ アン チェッキン ダ キチャン

注文が通っていませんでした。

I'm afraid the order didn't go through.

アイ(ム) アフレイ(ド) ディ オーダー ディドゥンッ ゴウ スルー

すぐにお作り直しいたします。

We'll make a fresh one right away.

ウィゥ メイカ フレ(シュ) ワン ライタウェイ

今作っております。

We are making it right now.

ウィ アー メイキンギッ ライッ ナウ

今すぐお作りします。

We'll make it right away.

ウィゥ メイキッ ライタウェイ

お待たせしません。

It won't be long.

イッ ウォウンッ ビー ロン(グ)

10分ほどお時間ください。

Please give us about 10 minutes.

プリー(ズ) ギヴァス アバウッ テン ミナッ(ツ)

もう少々お待ちくださいますか？

Could you wait a bit more?

クッジュー ウェイッ ア ビッ モア？

その品のお代は結構です。

We won't charge you for that item.

ウィ ウォウンッ チャージ ユー フォー ダァッ アイテ(ム)

本日のお代は結構です。

Your bill is on the house today.

ヨア ビゥ イ(ズ) オン ダ ハウ(ス) トゥデイ

おわびとしてこちらをサービスさせてください。

You can have this on the house as our apology.

ユー キャン ハァ(ヴ) ディ(ス) オン ダ ハウ(ス) ア(ズ) アワ アポーロジー

当店では無料Wi-Fiサービスをご利用いただけません。

We don't offer free Wi-Fi here.

ウィ ドウンッ オファー フリー ワイファイ ヒア

❷ 飲食業

あちらにお席を移動していただけませんか？
May I ask you to move to that table?

メイ アイ ア(ス)キュー トゥ ムー(ヴ) トゥ ダァッ テイブゥ？

5人掛けのお席ですので、もう少し詰めていただけませんか？
This table is for five people. Would you mind sitting closer?

ディ(ス) テイブゥ イ(ズ) フォー ファイ(ヴ) ピープゥ。ウッジュー マインッ スィッティン クロウサー？

お1人様につき1杯、お飲み物の注文をお願いします。
Please order at least one drink per person.

プリー(ズ) オーダー アッ リー(スト) ワン ヂュリン(ク) パー パースン

ご提供の前に身分証明書の確認が必要です。
We need to see your ID before we can serve you.

ウィ ニー(ド) トゥ スィー ヨア アイディー ビフォー ウィ キャン サーヴ ユー

食べ終わった食器は、返却口へ置いてください。
Please leave your dishes at the return counter.

プリー(ズ) リー(ヴ) ヨア ディッシィ(ズ) アッ ダ リターン カウンター

今ここで精算していただいてもよろしいでしょうか？

Could you settle your bill here now?

クッジュー セトゥ ヨア ビゥ ヒア ナウ？

お車を運転される方にはアルコールを提供できません。

We cannot serve alcohol to drivers.

ウィ キャノッ サー(ヴ) アゥコホゥ トゥ ヂュライヴァー(ズ)

 drunk driving(ヂュランク ヂュライヴィン／飲酒運転)は、世界的に厳罰化の傾向があります。「身分証明書を見せていただけますか？」はMay I see your ID?(メイ アイ スィー ヨア アイディー？)と言います。

他のお客様のご迷惑になりますので、おやめください。

Please don't disturb the other customers.

プリー(ズ) ドゥンッ ディスター(ブ) ディ アダー カスタマー(ズ)

生ものですので、お持ち帰りはできません。

This is a perishable item that cannot be taken out.

ディスィ(ズ) ア ペリシャブゥ アイテ(ム) ダァッ キャノッ ビー テイクン アウッ

ファストフード店・カフェ

035

レジでご注文をお伺いします。

Please order at the cash register.

プリー(ズ) オーダー アッ ダ キャ(シュ) レジ(ス)ター

 「レジ」は和製英語系です。英語ではcash registerと言い、「レジ係」はcashier (キャシアー)と言います。

ただ今、席が大変混み合っております。お先に席をお取りください。

It's very crowded now. Please find a seat before you order.

イッ(ツ) ヴェリー クラウディッ(ド) ナウ。プリー(ズ) ファインダ スィーッ ビフォー ユー オーダー

テーブルをお拭きします。

Let me wipe your table.

レッミー ワイピョア テイブゥ

次の方どうぞ。

Next, please.

ネク(スト) プリー(ズ)

左側にずれてお待ちください。

Please move to the left and wait for your order.

プリー(ズ) ムー(ヴ) トゥ ダ レ(フト) アン ウェイツ フォー ヨア オーダー

店内でお召し上がりですか？　お持ち帰りですか？
For here or to go?

フォー ヒア オア トゥ ゴウ？

 決まり文句です。「持ち帰り」はtakeout（テイカウッ）でも通じますが、この言い方で覚えておきましょう。

セットにしますか？　それとも単品にしますか？
Would you like a combo or just by itself?

ウッジュー ライカ コンボウ オア ジャ(スト) バイ イッセゥ(フ)？

ドリンクのサイズはどうされますか？
What size drink would you like?

ワッ サイ(ズ) デュリン(ク) ウッジュー ライ(ク)？

 Small, medium, or large?（スモーゥ↗、ミーディア[ム]↗、オア ラー[ジ]↘）と聞くこともできます。

お砂糖やミルクはお付けしますか？
Any sugar or milk with that?

エネィ シュガー オア ミゥ(ク) ウィ(ズ) ダァッ？

砂糖とミルクは、あちらにあるものをご自由にお使いください。
Please help yourself to the sugar and milk over there.

プリー(ズ) ヘゥピョアセゥ(フ) トゥ ダ シュガー アン ミゥ(ク) オウヴァー デア

ポテトとお飲み物は、プラス料金でサイズアップができます。

You can upsize your fries and drink for an extra charge.

ユー キャン ア(プ)サイ(ズ) ヨア フライ(ズ) アン ヂュリン(ク) フォー アネ(クス)チュラ チャー(ジ)

❷
飲
食
業

ケーキはこちらのショーケースからお選びください。

Please choose a piece of cake from the display case.

プリー(ズ) チュー(ズ) ア ピー(ス) オ(ヴ) ケイ(ク) フロ(ム) ダ ディ(ス)プレイ ケイ(ス)

番号札を持ってお席でお待ちください。

Please take a number and wait at your seat.

プリー(ズ) テイカ ナンバー アン ウェイッ アッチョア スィーッ

お料理はお席までお届けします。

We'll bring your meal to you.

ウィゥ ブリンギョア ミーゥ トゥ ユー

出来上がりましたらベルでお呼びします。

We'll ring the bell when it's ready.

ウィゥ リン(グ) ダ ベゥ ウェン イッ(ツ) レディ

ベルが鳴ったらカウンターまで取りに来てください。

Please come to the counter when the bell rings.

プリー(ズ) カ(ム) トゥ ダ カウンター ウェン ダ ベゥ リン(グズ)

青いランプの下でお待ちください。

Please wait under the blue lamp.

プリー(ズ) ウェイッ アンダー ダ ブルー ラン(プ)

レシートをお持ちになって、あちらでお受け取りください。

Please take your receipt and pick up your order over there.

プリー(ズ) テイキョア リスィーッ アン ピッカッ(プ) ヨア オーダー オウヴァー デア

番号札1番でお待ちのお客様、お待たせしました。

Customer No. 1. Thank you for waiting.

カスタマー ナンバー ワン。サンキュー フォー ウェイティン

 かなりお待たせしてしまった時には、patience（ペイシャン[ス]／我慢）を使ってThank you for your patience. と言っても構いません。

アイスカフェラテをご注文のお客様、お待たせしました。

One iced caffe latte. Thank you for waiting.

ワン アイ(スト) カフェイラテイ。サンキュー フォー ウェイティン

Staff : **Next, please.**

Customer : I'll have two cups of coffee, please.

Staff : **What size would you like?**

Customer : One small and one medium, both with one milk and one sugar.

Staff : You can **help yourself to milk and sugar** at that counter **over there. Anything else?**

Customer : Yes, two ham sandwiches, please.

Staff : For 500 yen each, you can get a ham sandwich, a coffee, and a bowl of salad. It's a **combo**. Would you like that?

Customer : OK, then. Two combos, please.

Staff : **For here or to go?**

Customer : For here, please.

Staff : It comes to 1,000 yen. Please pick up your combos at the counter on your left.

店員：次の方どうぞ。

客：コーヒーを2杯ください。

店員：サイズはどうなさいますか？

客：スモール1杯とミディアム1杯お願いします。両方、ミルクと砂糖を1つずつ入れてください。

店員：ミルクと砂糖は、あちらのカウンターでセルフサービスでお入れいただけます。他にご注文はございますか？

客：はい。ハムサンドイッチを2つお願いします。

店員：お1人様500円でサンドイッチ、コーヒー、サラダのセットをご注文いただけますが、いかがでしょうか？

客：そうですね、じゃあ。セットを2つお願いします。

店員：こちらでお召し上がりですか？　お持ち帰りですか？

客：ここでお願いします。

店員：1,000円になります。お客様の左側のカウンターで、ご注文のセットをお受け取りください。

※太字は本書に登場しているフレーズです。

白米・玄米・雑穀米の中からお選びください。

You can choose from white rice, brown rice or mixed-grain rice.

ユー キャン チュー(ズ) フロ(ム) ワイッ ライ(ス)、ブラウン ライ(ス)、オア ミク(スト) グレイン ライ(ス)

 「〜(3品)の中からお選びいただけます」は、このフレーズのように、You can choose from A, B <u>or</u> C. と言います。

汁はお椀から直接すすっても構いません。

You can also sip the soup directly from the bowl.

ユー キャン オーゥソウ スィ(プ) ダ スー(プ) ディレックリー フロ(ム) ダ ボウゥ

 汁物を飲むお客様がスプーンを使おうとしている場合、止める必要はありませんが、食べ方をご存じないだけの可能性もあるので、和食では直接すすってもマナー違反ではないことを伝えても良いでしょう。

だしは魚や海藻から取っています。

The broth is made from fish and seaweed.

ダ ブロ(ス) イ(ズ) メイド フロ(ム) フィ(シュ) アン スィーウィー(ド)

【寿司】これは一貫の値段です。

This price is for one piece.

ディ(ス) プライ(ス) イ(ズ) フォー ワン ピー(ス)

 「これは2貫の値段です」はThis price is for <u>two</u> pieces. (ディ[ス] プライ[ス] イ[ズ] フォー トゥー ピースィ[ズ]) となります。

【寿司】お皿の色に応じて値段が変わります。

The price changes depending on the plate color.

ダ プライ(ス) チェインジィ(ズ) ディペンディン オン ダ プレイッ カラー

「赤いお皿は500円です」はThe red plate is 500 yen.（ダ レッ[ド] プレイ
ティ[ズ] ファイ[ヴ] ハンヂュレ[ド] イェン）と言います。

【寿司】ワサビが入っています。サビ抜きにしましょうか？

This has wasabi in it. Would you like me to take it out?

ディ(ス) ハァ(ズ) ワサビ イニッ。ウッジュー ライッ ミー トゥ テイキッ アウッ？

海外のお客様にもwasabiで通じるはずですが、何のことかご存じない様子
であれば、Japanese horseradish（ジャパニー[ズ] ホースラディッ[シュ]／
日本の西洋ワサビ）と説明しましょう。

【寿司】ワサビはとても辛いので少しだけ付けてください。

Please only use a little bit of wasabi. It's very spicy.

プリー(ズ) オウンリー ユー(ズ) ア リトゥ ビットヴ ワサビ。イッ(ツ) ヴェリー スパイスィ

外国人のお客様の中には、ワサビをワカモレなどと勘違いし、一口で食べて
しまう方がいらっしゃいますので、お出しした時にこのように言うと親切です。

【寿司】生でない寿司もあります。

We also have sushi that is not raw.

ウィ オーゥソウ ハァ(ヴ) スシ ダァッ イ(ズ) ノッ ロー

【寿司】今日豊洲で仕入れたネタです。

The fish was shipped in from Toyosu today.

ダ フィ(シュ) ワ(ズ) シッ(プ)ティン フロ(ム) トヨス トゥデイ

 豊洲市場は、外国人にも知られた有名な観光地なのでToyosuで通じますが、日本にあまり詳しくない人にはToyosu <u>Fish Market</u>(トヨス フィ[シュ] マーケッ)のように言うと良いでしょう。

【寿司】こちらに湯飲みを当てるとお湯が出ます。

Press your cup against this to get hot water.

プレ(ス) ヨア カ(プ) アゲン(スト) ディ(ス) トゥ ゲッ ホッ ウォーター

【麺類】そばをつゆに付けてください。

Please dip the noodles in the sauce.

プリー(ズ) ディ(プ) ダ ヌードゥ(ズ) イン ダ ソー(ス)

 「醤油」やざるそばの「つゆ」など、食材に付ける濃い味の液体状のものはsauce、味噌汁やうどんなどの「汁」はsoupです。

【つけ麺】つけだれをお飲みいただけるよう、スープでお割りできます。

We can dilute the dipping sauce with the soup so you can drink it.

ウィ キャン ダイルーッ ダ ディピン ソー(ス) ウィ(ズ) ダ スー(プ) ソウ ユー キャン ヂュリンキッ

038

寿司

● 赤身魚	red-fleshed fish	レッ(ド) フレッ(シュト) フィ(シュ)
● 白身魚	white-fleshed fish	ワイッ フレッ(シュト) フィ(シュ)
● 光もの	silver-skinned fish	シルバー スキン(ド) フィ(シュ)
● 貝類	shellfish	シェゥフィ(シュ)
● 巻物	rolled sushi	ロウゥ(ド) スシ
● 軍艦巻き	ship roll	シッ(プ) ロウゥ
● 椀もの	soup	スー(プ)
● マグロ	tuna	テューナ
● づけマグロ	marinated tuna	マァリネイティッ(ド) テューナ
● 大トロ	fatty tuna	ファティ テューナ
● 中トロ	medium-fatty tuna	ミディア(ム) ファティ テューナ
● サバ	mackerel	マァカロゥ
● イワシ	sardine	サーディーン
● ハマチ	yellowtail	イェロウテイゥ
● アジ	horse mackerel	ホー(ス) マァカロゥ
● タイ	snapper	スナァパー
● カンパチ	amberjack	アンバー ジャ(ク)
● 平魚 (ヒラメ・カレイ)	flounder	フラウンダー
● あぶりサーモン	seared salmon	スィアー(ド) サァマン
● エビ	shrimp	シュリン(プ)
● カニ	crab	クラァ(ブ)
● イカ	squid	スクウィッ(ド)
● タコ	octopus	オ(ク)タパ(ス)
● アナゴ	conger eel	コンガー イーゥ
● ウナギ	eel	イーゥ
● アワビ	abalone	アバロウニ
● ホタテ	scallop	スキャロッ(プ)
● サザエ	turban shell	ターバン シェゥ

❷ 飲食業

● ウニ	sea urchin	スィー アーチャン
● イクラ	salmon roe	サァマン ロウ
● タラコ	cod roe	コッ(ド) ロウ
● ネギトロ巻き	minced tuna roll	ミン(スト) テューナ ロウゥ
● 納豆巻き	fermented soybean roll	ファーメンティッ(ド) ソイビーン ロウゥ
● 鉄火巻き	tuna roll	テューナ ロウゥ
● 茶わん蒸し	savory egg custard	セイヴォリー エッ(グ) カスター(ド)
● ガリ	pickled ginger	ピクゥ(ド) ジンジャー
● 卵焼き	omelet	オムレッ
● つま	garnish	ガーニッ(シュ)

そば・うどん・ラーメン

● つゆ、汁	soup	スー(プ)
● (ざるの)つゆ	dipping sauce	ディピン ソー(ス)
● ざる	bamboo basket	バンブー バァスキッ
● かまぼこ	fish cake	フィ(シュ) ケイ(ク)
● きつね	deep-fried tofu	ディーッフライ(ド) トウフ
● たぬき	bits of deep-fried tempura batter	ビッツ オ(ヴ) ディーッフライ(ド) テンプラ バァター
● 月見	raw egg	ロー エッ(グ)
● わかめ	wakame seaweed	ワカメ スィーウィー(ド)
● とろろ	Japanese yam puree	ジャパニー(ズ) ヤァ(ム) ピュレイ
● 大根おろし	grated daikon radish	グレイティッ(ド) ダイコン ラァディ(シュ)
● 鴨	duck	ダッ(ク)
● 薄/濃口醤油	light / dark soy sauce	ライッ/ダー(ク) ソイ ソー(ス)

● そば湯	soba cooking water	ソバ クッキン ウォーター
● 薬味	relish	レリ(シュ)
● 醤油味	soy sauce flavor	ソイ ソー(ス) フレイヴァー
● 味噌味	miso flavor	ミソ フレイヴァー
● 塩味	salt flavor	ソゥッ フレイヴァー
● 豚骨味	pork-bone flavor	ポー(ク) ボウン フレイヴァー
● 魚介ベースの	made from fishery products	メイ(ド) フロ(ム) フィシュリ プロダ(クツ)
● 鶏ガラ	chicken bones	チキン ボウン(ズ)
● 昆布	konbu seaweed	コン(ブ) スィーウィー(ド)
● かつお節	dried bonito shaving	デュライ(ド) ボニートウ シェイヴィン
● 煮干し	small dried sardine	スモーゥ デュライ(ド) サーディーン
● 焦がし醤油	charred soy sauce	チャー(ド) ソイ ソー(ス)
● チャーシュー	sliced roasted pork	スライ(スト) ロウ(ス)ティッ(ド) ポー(ク)
● 味付玉子	seasoned boiled egg	スィーズン(ド) ボイゥ(ド) エッ(グ)
● モヤシ	bean sprout	ビーン スプラウッ
● メンマ	bamboo shoot	バムブー シューッ
● ノリ	nori seaweed	ノリ スィーウィー(ド)
● ナルト	processed fish paste	プロセ(スト) フィ(シュ) ペイ(スト)
● ネギ	Welsh onion	ウェゥ(シュ) アニヤン

お通しです。

Here is an appetizer.

ヒア リズ アナピタイザー

(瓶ビールに)グラスはいくつお付けしますか？

How many glasses do you need?

ハウ メネィ グラスィ(ズ) ドゥ ユー ニー(ド)?

熱燗になさいますか、冷酒になさいますか？

Would you like hot or cold sake?

ウッジュー ライッ ホッ オア コウゥ(ド) サケ?

 sake(英語圏では「サーキ」と発音されることもある)とは「日本酒」のこと。注文が何であるかを問わず温かいのと冷たいののどちらが良いかを聞きたい場合は、p. 73のWould you like it hot or cold?が便利です。

【焼き鳥】塩になさいますか、タレになさいますか？

Would you like it seasoned with salt or sauce?

ウッジュー ライキッ スィーズン(ド) ウィ(ズ) ソゥッ オア ソー(ス)?

お通しの説明

有料のお通しは、日本の習慣に不慣れな外国人のお客様にはわかりづらいものです。まず、お通しが歓迎されない理由は2つあります。

① 頼んでいないのに有料であること

北米の飲食店では通常、お客様が注文していないものを出すのは無料の場合のみです。もちろん、それでも不要とおっしゃるお客様もいます。

② 食べられるかどうかがわからないこと

p. 76のコラムでも触れましたが、ベジタリアン、宗教の教え、あるいはアレルギーなどで、一定の食品を食べないお客様がいます。口にするものに制限を持っているお客様は、メニューを読んだり店員に聞いたりして、食べられるものなのかどうかを確認してから注文しているほどです。

では、外国にはないこのお通しのシステムをどう説明すればいいのでしょうか。4つ方法を考えました。

① 席料を伝え、お通しは無料サービスとして出す

まずThere is a seat charge of 500 yen here.（500円の席料を頂いております）と言っておき、お通しを出す時にIt's on the house. Would you like it?（無料サービスです。いかがですか?）と告げて、お客様に食べるかどうかの選択肢を提供します。

② 有料のお通しは日本の習慣だと説明する

お通しを提供する時に、This is a Japanese custom. It's an appetizer you get for the table charge.（これは日本の習慣です。席料と引き換えにお出しする前菜でございます）とお断りする方法です。

③ 選択制にする

お通しをお客様の前に持って行き、Would you like this appetizer for 500 yen?（こちらは500円の前菜ですが、いかがでしょうか?）と尋ねて、選んでもらいます。

④ お通しを設けない

一番わかりやすい方法として、お出ししないという方法もあります。

● 枝豆	boiled soybeans	ボイゥ(ド) ソイビーン(ズ)
● おしんこ	pickled vegetable	ピクゥ(ド) ヴェジタブゥ
● 浅漬け	lightly pickled vegetable	ライッリー ピクゥ(ド) ヴェジタブゥ
● 野菜スティック	vegetable stick	ヴェジタブゥ スティ(ク)
● 大根サラダ	daikon radish salad	ダイコン ラァディ(シュ) サァラ(ド)
● お茶漬け	rice in Japanese broth	ライ(ス) イン ジャパニー(ズ) ブロ(ス)
● シーザーサラダ	Caesar salad	スィーザー サァラ(ド)
● たこわさ	seasoned raw octopus with wasabi	スィーズン(ド) ロー オ(ク)タパ(ス) ウィズ ワサビ
● 冷ややっこ	chilled tofu	チゥ(ド) トウフ
● カルパッチョ	carpaccio	カーパーチオウ
● しめサバ	marinated mackerel	マァリネイティッ(ド) マァカロゥ
● 揚げ出し豆腐	deep-fried tofu with soup stock	ディーッフライ(ド) トウフ ウィ(ズ) スー(プ) ストッ(ク)
● だし巻き卵	Japanese omelet	ジャパニー(ズ) オムレッ
● 焼き餃子	fried dumpling	フライ(ド) ダンプリン
● 焼き鳥	grilled chicken skewer	グリゥ(ド) チキン スキューアー
● 手羽先	chicken wing	チキン ウィン(グ)
● 軟骨のから揚げ	fried chicken cartilage	フライ(ド) チキン カートリッ(ジ)
● 鶏のから揚げ	bite-sized fried chicken	バイッ サイ(ズド) フライ(ド) チキン
● 刺し身の盛り合わせ	assorted sashimi	アソーティッ(ド) サシミ
● 焼きホッケ	grilled hokke mackerel	グリゥ(ド) ホッ(ケ) マァカロゥ
● 豚の角煮	stewed diced pork	ステュー(ド) ダイ(スト) ポー(ク)
● 牛すじ煮込み	stewed beef tendon	ステュー(ド) ビー(フ) テンダン

● もつ鍋	giblets cooked in a hot pot	ジブレッ(ツ) クックッティンナ ホッ ポッ
● おにぎり	rice ball	ライ(ス) ボウゥ
● 焼きおにぎり	grilled rice ball	グリゥ(ド) ライ(ス) ボウゥ
● 焼きそば	stir-fried noodles	スター フライ(ド) ヌードゥ(ズ)
● チャーハン	fried rice	フライ(ド) ライ(ス)
● 抹茶アイス	green tea ice cream	グリーン ティー アイ(ス) クリー(ム)
● パフェ	ice cream sundae	アイ(ス) クリー(ム) サンデイ
● 杏仁豆腐	almond jelly	アーマン(ド) ジェリー
● ごまドレッシング	sesame dressing	セサミー デュレスィン
● 和風ドレッシング	soy sauce-flavored dressing	ソイ ソー(ス) フレイヴァー(ド) デュレスィン
● 青ジソドレッシング	perilla leaf dressing	パリラ リー(フ) デュレスィン
● 梅ドレッシング	plum dressing	プラ(ム) デュレスィン
● ワサビ醤油	wasabi mixed in soy sauce	ワサビ ミ(クス)ティン ソイ ソー(ス)

（ご注文は）何になさいますか？

What would you like to have?

ワッ ウッジュー ライッ トゥ ハァ(ヴ)？

飲み方はいかがなさいますか？

How would you like it?

ハウ ウッジュー ライキッ？

 「水割り」はwith water（ウィズ ウォーター）、「お湯割り」はwith hot water （ウィ[ズ] ホッ ウォーター）、「ソーダ割り」はwith sparkling water（ウィ[ズ] スパークリン[グ] ウォーター）、「ロック」はon the rocks（オン ダ ロッ[クス]）、 「ストレート」はstraight（スチュレイッ）です。

シングルになさいますか、ダブルになさいますか？

A single or a double?

ア スィングゥ オア ア ダブゥ？

ロックになさいますか？

Would you like it on the rocks?

ウッジュー ライキッ オン ダ ロッ(クス)？

 日本語では「ロック」ですが、英語では<u>on the</u> rocksと言わなければなりません。

108

こちらは度数がすごく強いですが、大丈夫ですか？

This is very strong. Is that all right?

ディスィ(ズ) ヴェリー スチュロン(グ)。イ(ズ) ダァッ オーゥ ライッ？

❷
飲食業

チェイサーはいかがなさいますか？

Would you like a chaser?

ウッジュー ライカ チェイサー？

このウォッカは40度です。

This vodka contains 40% alcohol.

ディ(ス) ヴォドカ コンテイン(ズ) フォーティ パーセンッ アゥコホゥ

 この他、英語圏ではproof(プルーフ)を使った表し方があります。アメリカ式では、40度は、80 proof(度の2倍)で表します。イギリス式では、70% proof(度の約1.75倍)です。

席料1,500円を頂いています。

There is a 1,500 yen seat charge.

デアリザ ワン サウザン(ド) ファイ(ヴ) ハンヂュレ(ド) イェン スィーッ チャー(ジ)

これは甘口／辛口の日本酒です。

This is a sweet / dry sake.

ディスィ(ズ) ア スウィーッ／ヂュライ サケ

バー			043
● ビール	beer	ビアー	
● 地ビール	local beer	ロウカゥ ビアー	

● カクテル	cocktail	カ(ク)テイゥ
● ウイスキー	whiskey	ウィ(ス)キィ
● ブランデー	brandy	ブラァンディ
● スピリッツ	spirits	スピリッ(ツ)
● リキュール	liqueur	リカー
● ワイン	wine	ワイン
● シャンパン	champagne	シャンペイン
● リンゴ酒、シードル	cider	サイダー
● ミネラルウォーター	mineral water	ミネラゥ ウォーター
● 炭酸水	sparkling water, carbonated water	スパークリン(グ) ウォーター、カーバネイティッ(ド) ウォーター
● ノンアルコール飲料	nonalcoholic beverage	ノン アゥコホリッ(ク) ベヴリ(ジ)
● サワー	sour	サウワー
● ウォッカ	vodka	ヴォドカ
● テキーラ	tequila	テキーラ
● ラム酒	rum	ラ(ム)
● 蒸留酒	distilled beverage	ディスティゥ(ド) ベヴリ(ジ)
● 焼酎	shochu, traditional Japanese distilled spirit	ショウチュー、チュラディショナゥ ジャパニー(ズ) ディスティゥ(ド) スピリッ
● 日本酒	sake	サケ
● 醸造所	brewery	ブルーワリー
● チェイサー	chaser	チェイサー
● おつまみ	snack	スナ(ク)

第3章

日本ならではの心遣いが光る
販売業 のフレーズ

百貨店、家電量販店、雑貨店、コンビニといった、品物を売買する販売店での表現を集めました。
お客様の希望の尋ね方、セールの案内、配送方法の確認など、様々なフレーズを身につけましょう。

店内のお客様に声を掛ける 044

お荷物をお預かりしましょうか？

May I look after your belongings for you?

メイ アイ ルッカ(フ)ター ヨア ビロンギン(グス) フォー ユー？

何かお探しですか？

Are you looking for something in particular?

アー ユー ルッキン フォー サムスィンギン パティキュラー？

どなた用ですか？

Who would this be for?

フー ウッ ディ(ス) ビー フォー？

気に入ったものはありましたか？

Did you find anything you liked?

ディッジュー ファイン(ド) エネスィン ユー ライ(クト)？

もしよろしければ試してみませんか？

Would you like to try this on?

ウッジュー ライッ トゥ チュライ ディ(ス) オン？

何かございましたらお声掛けください。

If you need anything, please let me know.

イフ ユー ニー(ド) エネスィン、プリー(ズ) レッミー ノウ

ごゆっくりご覧ください。

Take your time.

テイキョア タイ(ム)

どうぞお手に取ってご覧ください。

Feel free to pick it up.

フィーゥ フリー トゥ ピッキッ アッ

担当者を呼んでまいります。

Let me call the person who can take care of this.

レッ ミー コーゥ ダ パースン フー キャン テイッ ケア ロ(ヴ) ディ(ス)

あちらの列にございます。

It's in that aisle.

イッツ イン ダァッ アイゥ

 「こちらにございます」は、It's right here.(イッ[ツ] ライッ ヒア)です。

お客様の希望を尋ねる

ご予算はございますか？

Do you have a budget?

ドゥ ユー ハァヴ ア バジッ？

どのようなデザインがお好みでしょうか？

What kind of designs do you like?

ワッ カインド（ヴ）ディザイン（ズ）ドゥ ユー ライ（ク）？

色違いをお持ちしましょうか？

Shall I bring one in a different color?

シャライ ブリン（グ）ワン イナ ディファレンッ カラー？

 「柄違い」であれば、colorの部分をpattern（パターン）に変えましょう。

他のスタイルも試してみますか？

Would you like to try a different style?

ウッジュー ライッ トゥ チュライ ア ディファレンッ スタイゥ？

 styleの部分を、color（色）やpattern（柄）などに変えることもできます。

こちらはご予算内でしょうか？

Would this be within your budget?

ウッ ディ(ス) ビー ウィズイン ヨア バジッ？

こちらでよろしいですか？

Is this the right one?

イ(ズ) ディ(ス) ダ ライッ ワン？

 お客様が望んでいるサイズや色、デザインであるかを確認するために使います。勘違いや万一のトラブルを避ける上で、便利なフレーズです。

❸ 販売業

お買い上げになりますか？

Would you like to take it?

ウッジュー ライッ トゥ テイキッ？

もう少し店内をご覧になりますか？ それともお会計なさいますか？

Do you want to look around some more? Or would you like to pay now?

ドゥ ユー ウォンッ トゥ ルッ(ク) アラウン(ド) サ(ム) モア？ オア ウッジュー ライッ トゥ ペイ ナウ？

大変お買い得です。

It's a great deal.

イッツ ア グレイッ ディーゥ

毎週月曜日は5%オフです。

You get 5 percent off on Mondays.

ユー ゲッ ファイ(ヴ) パーセンッ オ(フ) オン マンデイ(ズ)

ただ今、こちらの品は20%オフです。

Right now this item is 20 percent off.

ライッ ナウ ディ(ス) アイテ(ム) イ(ズ) トウェンティ パーセンッ オ(フ)

レジにてさらに10%お引きします。

We'll give you a further 10 percent discount at the cash register.

ウィゥ ギヴ ユー ア ファーダー テン パーセンッ ディ(ス)カウンッ アッ ダ キャ(シュ) レジ(ス)ター

2点以上お買い上げで、10%オフになります。

You get 10 percent off if you buy two or more.

ユー ゲッ テン パーセンッ オ(フ) イフ ユー バイ トゥー オア モア

 「もう1つお買い上げで」と言いたい場合は、two or moreの部分を<u>one</u> more
に変えてください。

1つ800円ですが、3つお買い上げで2,000円です。

They are 800 yen each, but it will be 2,000 yen if you buy three.

デイ アー エイッ ハンヂュレ(ド) イェン イー(チ)、バッ イッ ウィゥ ビー トゥー サウザン(ド)
イェン イフ ユー バイ スリー

5,000円以上お買い上げいただきますと、こちらのギフトを無料で差し上げます。

You get this free gift if you spend 5,000 yen or more.

ユー ゲッ ディ(ス) フリー ギ(フト) イフ ユー スペン(ド) ファイ(ヴ) サウザン(ド) イェン オア モア

300円ごとに抽選券を差し上げています。

For every 300 yen, you get a ticket in our prize draw.

フォー エヴリ スリー ハンヂュレ(ド) イェン、ユー ゲッタ ティケッ イン アワ プライ(ズ) ヂュロー

こちらの商品はセール除外品です。

These items are not on sale.

ディー(ズ) アイテム(ズ) アー ノッ オン セイゥ

 not for saleは、「販売商品ではありません」という意味です。onとforを混同しないように注意してください。

こちらはとても人気です。

These are very popular.

ディー(ズ) アー ヴェリー ポピャラー

 「すぐ売り切れてしまいます」はThey sell out very quickly.(デイ セラウッ ヴェリー クウィッ[ク]リー)です。

使いやすいです。

This is easy to use.

ディスィ(ズ) イーズィ トゥ ユー(ズ)

手入れが簡単です。

This is easy to take care of.

ディスィ(ズ) イーズィ トゥ テイッ ケアロ(ヴ)

軽くて持ちやすいです。

This is lightweight and easy to carry.

ディスィ(ズ) ライッウェイッ アン イーズィ タ キャリィ

どなたにでもお使いいただけます。

Anyone can use it.

エネワン キャン ユーズ イッ

日本の高級ブランドです。
This is a Japanese luxury brand.
ディスィ(ズ) ア ジャパニー(ズ) ラ(ク)シャリィ ブラン(ド)

「高級ブランド」はhigh-end brand（ハイ エンド ブランド）とも言います。

京都から取り寄せたものです。
This was shipped in from Kyoto.
ディ(ス) ワ(ズ) シッ(プ)ティン フロ(ム) キョウト

京都は「キョウトウ」と言った方が通じやすい場合があります。

❸ 販売業

お値ごろ感があります。
This is very good value.
ディスィ(ズ) ヴェリー グッ(ド) ヴァリュー

「安い」という意味ではreasonable（リーズナブゥ）という語もよく使われます。cheap（チープ）は「安っぽい」というネガティブな含みもあるため、できるだけ使用を避けること。

今日入ってきたばかりです。
This just came in today.
ディ(ス) ジャ(スト) ケイ(ム) イン トゥデイ

今年のはやりの商品です。

This is trendy this year.

ディスィ(ズ) チュレンディ ディ(ス) イアー

今の季節にぴったりの商品です。

This is perfect for this time of year.

ディスィ(ズ) パーフェ(クト) フォー ディ(ス) タイ(ム) オヴ イアー

当店の一番人気です。

This is the most popular item in the store.

ディスィ(ズ) ダ モウ(スト) ポピャラー アイテ(ム) イン ダ ストア

長持ちします。

It's long-lasting.

イッ(ツ) ロン(グ) ラァスティン

一生ものです。

This will last a lifetime.

ディ(ス) ウィゥ ラァスタ ライ(フ)タイ(ム)

 直訳すると「一生涯もつ」という意味です。

定番です。

This will never go out of style.

ディ(ス) ウィゥ ネヴァー ゴウ アウト(ヴ) スタイゥ

ロングセラーです。

This is a longtime favorite.

ディスィ(ズ) ア ロン(グ)タイ(ム) フェイヴリッ

最新モデルです。

This is the latest model.

ディスィ(ズ) ダ レイテ(スト) モデゥ

限定モデルです。

This is a limited-edition model.

ディスィ(ズ) ア リミテッ(ド) エディシャン モデゥ

日本限定の商品です。

You can only find these in Japan.

ユー キャン オウンリー ファインッディー(ズ) イン ジャパン

期間／季節限定の商品です。

This is a limited-time / seasonal item.

ディスィ(ズ) ア リミテッタイ(ム)／スィーズナゥ アイテ(ム)

賞味期限が近いので、お安くしております。

This is on sale because it's expiring soon.

ディスィ(ズ) オン セイゥ ビコー(ズ) イッツ エ(クス)パイアリン スーン

お似合いになりますね。

That looks great on you.

ダァッ ルッ(クス) グレイッ オンニュー

 「どちらもお似合いですね」なら、<u>Both of them</u> look great on you.（ボウ
ス オヴ デ[ム] ルッ[ク] グレイッ オンニュー）となります。

センスが良いですね。

You have an excellent sense of style.

ユー ハァヴ アネ(ク)セレンッ セン(ス) オ(ヴ) スタイゥ

洋服の着こなしがすごくお上手ですね。

You dress very well.

ユー デュレ(ス) ヴェリー ウェゥ

弊社のブランドがよくお似合いになりますね。

Our brand really suits you.

アワ ブラン(ド) リアリー スーチュー

 Our brandの代わりに自社の名前を当てはめて使うこともできます。

お客様の雰囲気にぴったりですね。

That matches your style perfectly.

ダァッ マチー(ズ) ヨア スタイゥ パーフェックリー

 少しくだけた言い方ですが、It's very "you."という表現も一般的です。「あなたらしい」という意味で、youの部分を強調します。

イメージがガラリと変わりましたね。

That completely changes your image.

ダァッ コンプリーッリー チェインジィズ ヨア イミ(ジ)

❸ 販売業

その他の褒め表現		049
● 華やかですね。	That looks gorgeous.	ダァッ ルッ(クス) ゴージャ(ス)
● かっこいいですね。	That looks cool.	ダァッ ルッ(クス) クーゥ
● 上品ですね。	That looks elegant.	ダァッ ルッ(クス) エレガンッ
● 人を強く引き付ける魅力がありますね。	You have charisma.	ユー ハァ(ヴ) カリズマ
● オーラがありますね。	You have an attractive aura.	ユー ハァヴ アナチュラ(ク)ティヴ オーラ
● 個性的で素晴らしいですね。	You have a unique style.	ユー ハァヴ ア ユニー(ク) スタイゥ
● 垢抜けて見えますね。	You look so sophisticated.	ユー ルッ(ク) ソウ サフィ(ス)ティケイティッ(ド)
● 凛として見えますね。	You look very dignified.	ユー ルッ(ク) ヴェリー ディ(グ)ニファイ(ド)
● おしゃれですね。	You look very stylish.	ユー ルッ(ク) ヴェリー スタイリッ(シュ)

意見・感想を述べる

それ、私も使っていますがおすすめです。

I have one, too. I'd recommend it.

アイ ハァヴ ワン、トゥー。アイ(ド) レコメンディッ

それ、私は色違いを持っていますが、すごく良いです。

I have one in a different color, and I love it.

アイ ハァヴ ワン イナ ディファレンッ カラー、アン アイ ラヴ イッ

私でしたらこちらを選びますね。

I would choose this one.

アイ ウッ(ド) チュー(ズ) ディ(ス) ワン

こちらの方が、お客様の雰囲気に合っていると思います。

I think this one is more your style.

アイ スィン(ク) ディ(ス) ワン イ(ズ) モア ヨア スタイゥ

こちらも似合いそうですね。

This one would look good on you, too.

ディ(ス) ワン ウッ(ド) ルッ(ク) グッドンニュー トゥー

お気に召すものが見つかって良かったです。

I'm glad you have found something you like.

アイ(ム) グラッ(ド) ユー ハァ(ヴ) ファウン(ド) サムスィン ユー ライ(ク)

残念ながら、そちらは試着できません。

I'm afraid you cannot try that on.

アイ(ム) アフレイ(ド) ユー キャノッ チュライ ダアッ オン

 ピアスなどを試しに付けてみようとしているお客様に、ご遠慮いただく場合にも使えます。

③
販売業

靴をお脱ぎください。

Please take off your shoes.

プリー(ズ) テイコ(フ) ヨア シュー(ズ)

 屋内に土足で入る習慣のある国では、試着室も土足で問題ない場合があります。あらかじめ留意しておくと良いでしょう。

店内に飲食物を持ち込まないでください。

Please don't bring food or drinks into the store.

プリー(ズ) ドウンッ ブリン(グ) フー(ド) オア ヂュリンク(ス) イントゥ ダ ストア

食品衛生上の理由から、こちらはお持ち帰りできません。

For food hygiene reasons, this is not available for takeout.

フォー フー(ド) ハイジーン リーズン(ズ)、ディスィ(ズ) ノッ アヴェイラブゥ フォー テイカウッ

在庫を確認しますので、少々お待ちください。

Please wait a little while I check our stock.

プリー(ズ) ウェイタ リトゥ ワイゥ アイ チェ(ク) アワ ストッ(ク)

在庫は出ているだけです。

The stock on the shelves is all we have.

ダ ストッ(ク) オン ダ シェゥヴ(ズ) イ(ズ) オーゥ ウィ ハァ(ヴ)

新しいものをお出しします。

I'll bring you a new one.

アイゥ ブリンギュー ア ニュー ワン

こちらは在庫がありません。

These are out of stock.

ディー(ズ) アー アウト(ヴ) ストッ(ク)

似ている商品ならございます。

We have something similar.

ウィ ハァ(ヴ) サムスィン スィミラー

廃棄品なのでお売りできません。

This item is for disposal and not for sale.

ディ(ス) アイテ(ム) イ(ズ) フォー ディスポウザゥ アン ノッ フォー セイゥ

126

こちらは完売です。

These are completely sold out.

ディー(ズ) アー コン(プ)リーッリー ソウゥ(ド) アウッ

 completely（完全に）は、売り切れたことををを強調するもので、入れなくても意味は変わりません。

入荷に2、3日お時間がかかります。

It will take two to three days to arrive at our store.

イッ ウィゥ テイット トゥー トゥ スリー デイ(ズ) トゥ アライヴ アッ アワ ストア

❸ 販売業

再入荷日は9月1日です。

Our next stock will arrive on September 1st.

アワ ネック(ス)トッ(ク) ウィゥ アライヴ オン セ(プ)テンバー ファー(スト)

いつ入荷できるかわかりません。

We are not sure when we'll have it in stock.

ウィ アー ノッ シュア ウェン ウィゥ ハァヴィッ イン ストッ(ク)

ただ今、入荷待ちです。

We are waiting for the goods to arrive.

ウィ アー ウェイティン フォー ダ グッ(ズ) トゥ アライ(ヴ)

入荷したらご連絡いたします。
We'll contact you when it arrives.
ウィゥ コンタクチュー ウェン イッ アライ(ヴズ)

 旅行中のお客様には、Which hotel are you staying at?(どちらのホテル に滞在されていますか?)、Until when are you staying in Japan?(いつ まで日本にいらっしゃいますか?)と尋ねても良いでしょう。

オーダー品はキャンセルできません。
We don't cancel orders.
ウィ ドウンッ キャンセゥ オーダー(ズ)

カスタムオーダーは受け付けておりません。
We don't take custom orders.
ウィ ドウンッ テイッ カスタ(ム) オーダー(ズ)

お取り置きしますか?
Shall we hold this for you?
シャゥ ウィ ホウゥ ディ(ス) フォー ユー?

当店では 1 週間お取り置きができます。
We can hold this for you for a week.
ウィ キャン ホウゥディ(ス) フォー ユー フォー ア ウィー(ク)

他店に在庫があればお取り寄せします。
We can order this from another store if they have stock.
ウィ キャン オーダー ディ(ス) フロ(ム) アナダー ストア イ(フ) デイ ハァ(ヴ) ストッ(ク)

お支払いは本日、またはお引き取り日のどちらになさいますか？

Would you like to pay today or when you pick it up?

ウッジュー ライッ トゥ ペイ トゥデイ オア ウェン ユー ピッキッ アッ(プ)？

こちらの商品は品薄です。

This item is in high demand.

ディ(ス) アイテ(ム) イ(ズ) イン ハイ ディマン(ド)

お1人様1点限りです。

These are limited to one per customer.

ディー(ズ) アー リミテットゥ ワン パー カ(ス)タマー

その商品はお取り扱いしておりません。

We don't stock that item.

ウィ ドウンッ ストッ(ク) ダァッ アイテ(ム)

こちらにご連絡先をご記入ください。

Please write your contact information here.

プリー(ズ) ライッチョア コンタ(クト) インファメイシャン ヒア

免税品（消費税）を扱う

免税をご希望の方は、販売員までお声掛けください。

Please tell the staff if you'd like the tax-free service.

プリー(ズ) テゥ ダ スタァ(フ) イフ ユー(ド) ライッ ダ タァ(クス)フリー サーヴィ(ス)

 ここで言う免税とは、外国人旅行者向けのconsumption tax（コンサンプシャ ン タァクス／消費税）の払い戻し・免除のことです。

税抜10,001円以上のお買い上げで免税になります。

There is a tax refund on purchases of over 10,000 yen before tax.

デア リズ ア タァ(クス) リファン(ド) オン パーチャスィ(ズ) オヴ オウヴァー
テン サウザン(ド) イェン ビフォー タァ(クス)

 ここでご紹介しているのは、いったん税込みで支払った後、免税カウンター で払い戻しを受ける(a tax refund、get your tax back)方式の説明です。

消耗品は、税抜5,001円以上のお買い上げで免税になります。

As for consumables, if you spend more than 5,000 yen before tax, you can get your tax back.

ア(ズ) フォー コンスーマブゥ(ズ)、イフ ユー スペン(ド) モア ダン
ファイ(ヴ) サウザン(ド) イェン ビフォー タァ(クス)、ユー キャン ゲッチョア タァ(クス) バァ(ク)

 more than 5,000 yen（5,000円より多く）とはすなわち「5,001円以上」の こと。1つ上のフレーズもover 10,000 yen（10,000円超）で「10,001円以上」 を表しています。

あと1,500円分のお買い上げで免税となります。

If you spend 1,500 yen more, you can get your tax back.

イフ ユー スペン(ド) ワン サウザン(ド) ファイ(ヴ) ハンヂュレ(ド) イェン モア、ユー キャン ゲッチョア タァ(クス) バァ(ク)

免税の手続きをなさいますか？

Would you like to make your purchase tax-free?

ウッジュー ライッ トゥ メイキョア パーチャ(ス) タァ(クス)フリー？

レジに一緒に来てください。

Please come with me to the cash register.

プリー(ズ) カ(ム) ウィ(ズ) ミー トゥ ダ キャ(シュ) レジ(ス)ター

出国するまで開封しないでください。

Please don't unseal the package before you leave Japan.

プリー(ズ) ドウンッ アンスィーゥ ダ パァキ(ジ) ビフォー ユー リー(ヴ) ジャパン

パスポートをご提示いただけますか？

Could you show me your passport?

クッジュー ショウ ミー ヨア パァ(ス)ポーッ？

当店は免税店ではありません。

This is not a tax-free shop.

ディスィ(ズ) ナッタ タァ(クス)フリー ショ(プ)

現金なら割引可能です。

We can give you a discount if you pay in cash.

ウィ キャン ギヴ ユー ア ディスカウンッ イフ ユー ペイ イン キャ(シュ)

店長に確認させてください。

Let me check with the manager.

レッミー チェ(ク) ウィ(ズ) ダ マナジャー

これ以上安くなりません。

We cannot make it any cheaper.

ウィ キャノッ メイキッ エネィ チーパー

限界ギリギリです。

This is the limit.

ディスィ(ズ) ダ リミッ

値引きできません。

We cannot lower the price.

ウィ キャノッ ロウワー ダ プライ(ス)

贈り物ですか、それともご自宅用ですか？

Is this a gift or for yourself?

イ(ズ) ディ(ス) ア ギ(フト) オア フォー ヨアセゥ(フ)？

小分けの袋は必要ですか？

Do you need separate small bags?

ドゥ ユー ニー(ド) セパレッ スモーゥ バァ(グズ)？

 「何枚ですか？」と聞きたい場合はHow many?(ハウ メニィ？)と言いましょう。

お土産用の袋は必要ですか？

Do you need a gift bag?

ドゥ ユー ニーダ ギ(フト) バァ(グ)？

プレゼントを個別にお包みしましょうか？

Shall I wrap these gifts separately?

シャライ ラッ(プ) ディー(ズ) ギ(フツ) セパレッリー？

プレゼント包装は300円です。

Gift-wrapping will cost 300 yen.

ギ(フト) ラッピン(グ) ウィゥ コー(スト) スリー ハンヂュレ(ド) イェン

リボンをおかけしましょうか？
Shall I tie a ribbon on it?
シャライ タイ ア リバン オン イッ？

今すぐお使いになりますか？
Will you be using it right away?
ウィゥ ユー ビー ユーズィン イッ ライタウェイ？

値札は付いたままでよろしいですか？
Can I leave the price tags on?
キャナイ リー(ヴ) ダ プライ(ス) タ(グズ) オン？

テープを貼るのみでよろしいですか？
Is it OK if I just mark it with a piece of tape?
イ(ズ) イッ オウケイ イフ アイ ジャ(スト) マーキッ ウィズ ア ピー(ス) オ(ヴ) テイ(プ)？

 北米ではお買い上げいただいた印としてテープを貼る習慣はありません。It's a proof of purchase.（イッツ ア プルーフォ[ヴ] パーチャ[ス]／お買い上げの証明です）とお伝えしても良いでしょう。

袋／箱にお入れしてよろしいですか？
Can I put these in a <u>bag</u> / <u>box</u>?
キャナイ プッ ディー(ズ) イナ <u>バァ(グ)</u>／<u>ボッ(クス)</u>？

袋は1つでよろしいですか？
Is one bag fine?
イ(ズ) ワン バァ(グ) ファイン？

温かいものと冷たいものは、別々の袋にしますか？

Would you like separate bags for hot and cold items?

ウッジュー ライッ セパレッ バァ(グズ) フォー ホッ アン コウゥ(ド) アイテム(ズ)？

(品物を)一緒の袋に入れて良いですか？

Can I put them in one bag?

キャナイ プッ デム イン ワン バァ(グ)？

二重包装いたしますね。

I'll double-bag it.

アイゥ ダブゥバァギッ

気泡緩衝材でお包みしますね。

Let me wrap it in bubble wrap.

レッミー ラッピッ イン ア バブゥ ラッ(プ)

雨よけのカバーをお付けしましょうか？

Shall I put a rain cover over it?

シャライ プッタ レイン カヴァー オウヴァー イッ？

 日本らしい心配りのフレーズです。多くのお客様に喜ばれます。

袋を1つにおまとめしましょうか？

Shall I put all your bags together in one?

シャライ プッ オーゥ ヨア バァ(グズ) トゥギャダー イン ワン？

持ち帰り時の配慮をする

生ものですので、お早めにお召し上がりください。
This spoils easily. Please eat it soon.
ディ(ス) スポイゥ(ズ) イーズィリー。プリー(ズ) イーティッ スーン

2時間以内にお召し上がりください。
Please eat this within two hours.
プリー(ズ) イーッ ディ(ス) ウィズイン トゥー アワー(ズ)

お日持ちは本日中です。
This will only keep until tonight.
ディ(ス) ウィゥ オウンリー キーパンティゥ トゥナイッ

要冷蔵です。
Please keep this refrigerated.
プリー(ズ) キー(プ) ディ(ス) リ(フ)リジャレイティッ(ド)

常温で保存してください。
Please store this at room temperature.
プリー(ズ) ストア ディ(ス) アッ ルー(ム) テンプラチュア

お持ち歩きのお時間はどれくらいですか？

How long will you be carrying this around for?

ハウ ロン(グ) ウィゥ ユー ビー キャリィイン ディ(ス) アラウン(ド) フォー？

賞味期限は7日間です。

This should be eaten within seven days.

ディ(ス) シュッビー イートゥン ウィズイン セヴン デイ(ズ)

保冷剤をお付けしますか？

Shall we pack it with ice packs?

シャゥ ウィ パッキッ ウィズ アイ(ス) パァ(クス)？

 dry ice（ヂュライ アイス）と言うこともあります。その場合、数えられない名詞であることに注意してください。

保冷剤の効果は1時間半です。

The ice pack will last for an hour and a half.

ディ アイ(ス) パァ(ク) ウィゥ ラァ(スト) フォー アナワー アンダ ハー(フ)

壊れやすいので気を付けてください。

This is fragile. Please be careful.

ディスィ(ズ) フラジャイゥ。プリー(ズ) ビー ケアフゥ

 fragileは主にお皿などの割れ物に対して使われます。ケーキなどの食べ物が「くずれやすいので」と言いたい場合は、fragileの代わりにdelicate（デリケッ）を使ってください。

配送方法を尋ねる

ご配送されますか？　お持ち帰りになりますか？

Would you like this delivered? Or will you take it with you?

ウッジュー ライッ ディ(ス) ディリヴァー(ド)？　オア ウィゥ ユー テイキッ ウィズ ユー？

送料は480円です。

Shipping costs 480 yen.

シッピン コー(ツ) フォー ハンヂュレ(ド) エイティ イェン

品物は、宅配便で約1週間で届きます。

Your items will arrive by courier in about one week.

ヨア アイテム(ズ) ウィゥ アライ(ヴ) バイ クァリアー イナバウッ ワン ウィー(ク)

お届けは最速で8月8日です。

The earliest delivery date is August 8th.

ディ アーリエ(スト) ディリヴァリ デイ(ト) イ(ズ) オーガ(スト) エイ(ス)

海外配送は行っていません。

We don't ship overseas.

ウィ ドウンッ シッ(プ) オウヴァースィー(ズ)

 海外配送を行っている場合は、We ship overseas.（ウィ シッ[プ] オウヴァースィー[ズ]）です。

修理・返品について説明する

058

返品・交換の際は、1週間以内にレシートと一緒にお持ちください。

For a refund or an exchange, please bring it back within one week with your receipt.

フォー ア リファン(ド) オア アネ(クス)チェイン(ジ)、プリー(ズ) ブリンギッ
バァ(ク) ウィズイン ワン ウィー(ク) ウィズ ヨア リスィーッ

❸
販売業

こちらは、日本国内でのみメーカー保証を受けられます。

This manufacturer's warranty is only valid within Japan.

ディ(ス) マァニュファ(ク)チャラー(ズ) ウォランティ イ(ズ) オウンリー ヴァリ(ド) ウィズイン
ジャパン

英語で「メーカー保証」はmanufacturer's warrantyで、maker's warranty
とは通常言いません。

こちらは、世界中でメーカー保証を受けられます。

This manufacturer's warranty is valid worldwide.

ディ(ス) マァニュファ(ク)チャラー(ズ) ウォランティ イ(ズ) ヴァリ(ド) ワーゥッワイ(ド)

返品は全店でできます。

Refunds can be made at any store.

リファン(ズ) キャン ビー メイ(ド) アッ エネィ ストア

不良品以外は、返品・交換できません。

We don't accept returns or exchanges other than for defective goods.

ウィ ドウンッ アクセ(プト) リターン(ズ) オア エ(クス)チェインジィ(ズ) アダー
ダン フォー ディフェクティ(ヴ) グッ(ズ)

開封後の品物の返品は承っておりません。

We don't accept returns on opened products.

ウィ ドウンッ アクセ(プト) リターン(ズ) オン オウプン(ド) プロダ(クツ)

洗濯した商品はご返品いただけません。

Washed items cannot be returned.

ウォッ(シュト) アイテム(ズ) キャノッ ビー リターン(ド)

こちらはメーカー保証書です。レシートと一緒に保管してください。

This is the manufacturer's warranty. Keep it with the receipt.

ディスィ(ズ) ダ マァニュファ(ク)チャラー(ズ) ウォランティ。キーピッ ウィ(ズ) ダ リスィーッ

こちらは2年間保証です。

This has a two-year warranty.

ディ(ス) ハァ(ズ) ア トゥー イアー ウォランティ

 This is guaranteed for two years. (ディスィ[ズ] ギャランティー[ド] フォー トゥー イアー[ズ])と言っても構いません。

購入後1年間、無償で修理いたします。

Repairs are free for one year after purchase.

リペアー(ズ) アー フリー フォー ワン イアー ア(フ)ター パーチャ(ス)

修理代は1,000円です。

The repair will cost 1,000 yen.

ダ リペア ウィゥ コー(スト) ワン サウザン(ド) イェン

お受け取りは、水曜日の午後5時以降になります。

It will be ready for pickup on Wednesday after 5 p.m.

イッ ウィゥ ビー レディ フォー ピッカッ(プ) オン ウェン(ズ)デイ ア(フ)ター ファイ(ヴ) ピーエ(ム)

こちらは当店では修理できません。

We cannot repair this at our store.

ウィ キャノッ リペアー ディ(ス) アッ アワ ストア

メーカーに修理の依頼をいたしましょうか？

Shall we send it to the manufacturer for repair?

シャゥ ウィ センディッ トゥ ダ マァニュファ(ク)チャラー フォー リペアー？

お掛けになってお待ちください。

Please have a seat while you wait.

プリー(ズ) ハァヴ ア スィーッ ワイゥ ユー ウェイッ

店内をご覧になってお待ちください。

Please look around while you wait.

プリー(ズ) ルッカラウン(ド) ワイゥ ユー ウェイッ

5分後にお呼びしますので、引換券をご用意ください。

I'll call for you in five minutes. Please have your ticket ready.

アイゥ コーゥ フォー ユー イン ファイ(ヴ) ミナッ(ツ)。プリー(ズ) ハァヴ ヨア ティケッ レディ

番号札をお渡ししますので、番号が呼ばれたらサービスカウンターにてお出しください。

I'll give you a number slip. Please take it to the service counter when your number is called.

アイゥ ギヴ ユー ア ナンバー スリッ(プ)。プリー(ズ) テイキッ トゥ ダ サーヴィ(ス) カウンター ウェン ヨア ナンバー イ(ズ) コーゥ(ド)

060

❸
販売業

普段はどのような服装が多いですか？
What do you usually wear?
ワッ ドゥ ユー ユージュアリー ウェアー？

好きなデザインはありますか？
Do you have a favorite design?
ドゥ ユー ハァヴ ア フェイヴリッ ディザイン？

フリーサイズです。
This is one-size-fits-all.
ディスィ(ズ) ワンサイ(ズ)フィッ(ツ)オーゥ

アイロンなしでOKです。
This doesn't need ironing.
ディ(ス) ダズンッ ニー(ド) アイアニン

3〜5歳用です。
This is for ages 3 to 5.
ディスィ(ズ) フォー エイジィ(ズ) スリー トゥ ファイ(ヴ)

> 「3歳以上用」であれば3 to 5の部分を3 and over（スリー アン オウヴァー）
> に、「3歳以下用」であれば3 and under（スリー アン アンダー）に変えます。

コーディネートしやすいです。

This is easy to coordinate.

ディスィ(ズ) イーズィ トゥ コウオーディネイッ

夏に合っていますね。

This is suitable for summer.

ディスィ(ズ) スータブゥ フォー サマー

オールシーズン着られます。

You can wear this year-round.

ユー キャン ウェアー ディ(ス) イアーラウン(ド)

こちらを先にお召しになりませんか？

Why don't you try this one on first?

ワイ ドウンチュー チュライ ディ(ス) ワン オン ファー(スト)

試着室へのお洋服の持ち込みは3点までです。

You can take a maximum of three items into the changing room.

ユー キャン テイカ マァキスィマ(ム) オ(ヴ) スリー アイテム(ズ) イントゥ ダ チェインジン ルー(ム)

着心地[付け心地]はいかがですか？

How does it feel on you?

ハウ ダ(ズ) イッ フィーロン ユー？

 p. 18のHow is it?やHow do you like it?もよく使われます。

フェイスカバーをお使いください。

Please use a face cover.

プリー(ズ) ユーザ フェイ(ス) カヴァー

 外国では、試着時にフェイスカバーを付ける習慣はあまり見られません。試着時にこうお願いするか、貼り紙(p. 285 **119** 参照)をしておくと良いでしょう。

お鏡で合わせてみてください。

Please have a look in the mirror.

プリー(ズ) ハァヴ ア ルッ(ク) イン ダ ミラー

❸ 販売業

ご試着が終わりましたらお声掛けください。

Please let me know when you are finished.

プリー(ズ) レッミー ノウ ウェン ユー アー フィニッ(シュト)

裾上げは1時間でできます。

We can do hemming in an hour.

ウィ キャン ドゥ ヘミン インナナワー

裾上げいたしましょうか？

Would you like a hem on these?

ウッジュー ライカ ヘ(ム) オン ディー(ズ)？

 ズボンなど左右のあるものは複数形のthese、スカートなど対になっていないものには単数形のthisを使います。

● 柔らかい	soft	ソ(フト)
● 粗い、ざらざらした	rough	ラ(フ)
● なめらかな、すべすべした	smooth	スムー(ズ)
● ふわふわした	fluffy	フラッフィ
● きつい	tight	タイッ
● 緩い	loose	ルー(ス)
● 上品な	elegant	エレガンッ
● しわの寄らない	wrinkle-free, non-iron	リンクゥ フリー、ノン アイアン
● 形状記憶の	shape-memory	シェイ(プ) メモリ
● 張りのある	firm	ファー(ム)
● 高級感のある	classy	クラァシィ
● 伸縮性のある	stretchy	ストレチィ

ケースから出してご覧になりますか？

Shall I take it out of the case for you?

シャライ テイキッ アウト(ヴ) ダ ケイ(ス) フォー ユー？

汗に弱いです。使用後は柔らかい布で拭いてください。

This is vulnerable to sweat. Please wipe it with a soft cloth after wearing it.

ディスィ(ズ) ヴァッネラブゥ トゥ スウェッ。プリー(ズ) ワイピッ
ウィズ ア ソ(フト) クロ(ス) ア(フ)ター ウェアリンギッ

ヘアスプレーや香水の使用にはお気を付けください。変色の原因となる可能性があります。

Please be careful when using perfume or hair spray. They can cause discoloration.

プリー(ズ) ビー ケアフゥ ウェン ユーズィン パーフュー(ム) オア ヘアー
スプレイ。デイ キャン コー(ズ) ディ(ス)カラレイシャン

鑑定 [鑑別] 書をお作りします。

I'll prepare the certificate of authenticity.

アイゥ プリペアー ダ サーティフィキトヴ オーセンティスィティ

● 誕生石	birthstone	バー(ス)ストウン
● 天然石	natural stone	ナァチュラゥ ストウン
● 人工石	artificial stone	アータフィシャゥ ストウン
● 貴石	precious stone	プレシャ(ス) ストウン
● 半貴石	semiprecious stone	セミプレシャ(ス) ストウン
● 金	gold	ゴウゥ(ド)
● 18金	18-karat gold	エイティーン キャラッ ゴウゥ(ド)
● 銀	silver	スィゥヴァー
● プラチナ	platinum	プラァティナ(ム)
● チタン	titanium	タイテイニア(ム)
● 淡水パール	freshwater pearl	フレ(シュ)ウォーター パーゥ
● コハク	amber	アンバー
● サンゴ	coral	コーラゥ
● ベッコウ	tortoiseshell	トータ(ス)シェゥ
● ヒスイ	jade	ジェイ(ド)
● 刻印	engraving	エン(グ)レイヴィン
● メッキ	plating	プレイティン
● 金メッキの	gold-plate	ゴウゥ(ド) プレイッ
● 銀メッキの	silver-plate	スィゥヴァー プレイッ
● 金属アレルギー対応の	metal allergy-safe	メタゥ アァラジー セイ(フ)
● 産出国	country of origin	カンチュリー オヴ オリジン

特講　サイズについて述べる

064

サイズは合っていますか？

Does this size fit you?

ダ(ズ) ディ(ス) サイ(ズ) フィッチュー？

きつ過ぎたりしませんか？

Is it too tight anywhere?

イ(ズ) イッ トゥー タイッ エネウェア？

サイズはいくつですか？

What size are you?

ワッ サイ(ズ) アー ユー？

どこの国のサイズですか？

Which country's sizing would that be?

ウィッチ カンチュリー(ズ) サイズィン ウッ ダッ ビー？

 日本と外国では表し方が違うケースが多くあります。また、英語圏の中でも統一されたサイズがあるわけではありません。

サイズ表をお持ちします。

Let me bring you a sizing chart.

レッミー ブリンギュー ア サイズィン チャーッ

 日本と主要国のサイズ一覧表を用意しておくと、接客ツールとして活用できます。

149

サイズをお測りしましょうか？

Would you like me to measure you?

ウッジュー ライッ ミー トゥ メジャー ユー？

 主にアメリカではinch（インチ）、カナダ、ヨーロッパ、オーストラリアなどではcentimeter（センティミーター）を単位として使います。

こちらは、他のものより<u>大きめ</u>／<u>小さめ</u>に作られています。

This is made <u>larger</u> / <u>smaller</u> than the rest.

ディスィ(ズ) メイ(ド) <u>ラージャー</u>／<u>スモーラー</u> ダン ダ レ(スト)

別のサイズがあります。

We have other sizes.

ウィ ハァヴ アダー サイズィ(ズ)

通常よりワンサイズ上をおすすめします。

I recommend trying one size larger than your usual size.

アイ レコメンッ チュライイン ワン サイ(ズ) ラージャー ダン ヨア ユージュワゥ サイ(ズ)

ワンサイズ<u>上</u>／<u>下</u>をお試しになりませんか？

Would you like to try one size <u>up</u> / <u>down</u>?

ウッジュー ライッ トゥ チュライ ワン サイ<u>ザッ(プ)</u>／サイ(ズ)<u>ダウン</u>？

こちらは温めましょうか?

Would you like it heated?

ウッジュー ライキッ ヒーティッ(ド)?

箱／スプーンをお付けしましょうか?

Would you like chopsticks / a spoon?

ウッジュー ライッ チョ(プス)ティ(クス)／ア スプーン?

 箸は、2本で1組のため、複数形のsを付けます。

あちらのポットのお湯をお使いください。

Please use the hot water in that pot.

プリー(ズ) ユー(ズ) ダ ホッ ウォーター イン ダァッ ポッ

レジ袋は必要ですか? 1枚5円です。

Do you need a plastic bag? They are 5 yen each.

ドゥ ユー ニーダ プラァ(ス)ティッ バァ(グ)? デイ アー ファイ(ヴ) イェン イー(チ)

 レジ袋の要不要を聞くフレーズのバリエーションの1つ。p. 25の聞き方でも構いません。plastic bagとはビニール袋のことです。

あちらのカウンターでお食事いただけます。

You can eat at that counter.

ユー キャン イーッ アッ ダァッ カウンター

● キャベツ	cabbage	キャベ(ジ)
● 大根	daikon radish	ダイコン ラァディ(シュ)
● カブ	turnip	ターニ(プ)
● 白菜	Chinese cabbage	チャイニー(ズ) キャベ(ジ)
● ホウレンソウ	spinach	スピニ(チ)
● 小松菜	komatsuna spinach	コマツナ スピナ(チ)
● 水菜	mizuna spinach	ミズナ スピナ(チ)
● シソ	perilla leaf	パリラ リー(フ)
● ジャガイモ	potato	ポテイトウ
● サツマイモ	sweet potato	スウィーッ ポテイトウ
● サトイモ	taro root	タロウ ルーッ
● ナガイモ	yam	ヤァ(ム)
● レンコン	lotus root	ロウタ(ス) ルーッ
● ゴボウ	burdock	バードッ(ク)
● ニンジン	carrot	キャラッ
● タマネギ	onion	アニヤン
● ネギ	Welsh onion	ウェッ(シュ) アニヤン
● トマト	tomato	トメイトウ
● キュウリ	cucumber	キューカンバー
● ナス	eggplant	エッグプランッ
● ピーマン	green pepper	グリーン ペパー
● シシトウ	small Japanese green pepper	スモーゥ ジャパニー(ズ) グリーン ペパー
● カボチャ	pumpkin, buttercup squash	パン(プ)キン、 バターカッ(プ) スクワ(シュ)
● オクラ	okra	オウクラ
● ゴーヤ	bitter melon	ビター メロン
● マイタケ	maitake mushroom	マイタケ マ(シュ)ルー(ム)
● エノキ	enoki mushroom	エノキ マ(シュ)ルー(ム)

● エリンギ	eringi mushroom	エリンギ マ(シュ)ルー(ム)
● ナメコ	nameko mushroom	ナメコ マ(シュ)ルー(ム)
● シメジ	shimeji mushroom	シメジ マ(シュ)ルー(ム)
● シイタケ	shiitake mushroom	シイタケ マ(シュ)ルー(ム)
● ミョウガ	myoga ginger	ミョウガ ジンジャー
● ミツバ	mitsuba parsley	ミツバ パースリィー
● トウモロコシ	corn	コーン
● ショウガ	ginger	ジンジャー
● タケノコ	bamboo shoot	バンブー シューツ
● イチゴ	strawberry	スチュローベリィ
● ブドウ	grape	グレイ(プ)
● メロン	melon	メロン
● マスクメロン	cantaloupe	キャントロウ(プ)
● サクランボ	cherry	チェリィ
● モモ	peach	ピー(チ)
● スイカ	watermelon	ウォーターメロン
● ナシ	Japanese pear	ジャパニー(ズ) ペアー
● 洋ナシ	pear	ペアー
● 柿	persimmon	パスィモン
● リンゴ	apple	アプゥ
● ミカン	mandarin orange	マァンダリン オレン(ジ)
● ユズ	yuzu citrus	ユズ スィチュラ(ス)
● スダチ	sudachi citrus	スダチ スィチュラ(ス)
● 金柑	kumquat	カムクワァッ
● 梅	Japanese plum	ジャパニー(ズ) プラ(ム)
● キウイ	kiwifruit	キウィフルーッ
● イチジク	fig	フィ(グ)
● バナナ	banana	バナナ

肉の種類

● 牛	beef	ビー(フ)
● 豚	pork	ポー(ク)
● 鶏	chicken	チキン
● 羊	mutton	マトン
● 仔羊	lamb	ラァ(ム)
● 馬	horse	ホー(ス)
● ひき肉	ground meat	グラウン(ド) ミーッ
● 骨付き肉	meat on the bone	ミーッ オン ダ ボウン
● ロース	loin	ロイン
● ヒレ	fillet	フィレッ
● レバー	liver	リヴァー
● 牛タン	ox tongue	オ(クス) タン
● 砂肝	gizzard	ギザー(ド)
● 和牛	wagyu, Japanese beef	ワギュー、ジャパニー(ズ) ビー(フ)
● 霜降り肉	marbled meat	マーブゥ(ド) ミーッ
● 熟成肉	aged meat	エイジ(ド) ミーッ

英語の取扱説明書が付いています。

This comes with an English user manual.

ディ(ス) カム(ズ) ウィズ アネングリッ(シュ) ユーザー マニュワゥ

 There is an English user manual. と言うこともできます。

メモリーカードは別売りです。

Memory cards are sold separately.

メモリー カー(ズ) アー ソウゥ(ド) セパレッリー

海外でご利用いただくには変圧器が必要です。

You'll need a converter to use this overseas.

ユーゥ ニーダ コンヴァーター トゥ ユー(ズ) ディ(ス) オウヴァースィー(ズ)

 「変圧器」は正式にはvoltage converter(ヴォゥティッ[ジ] コンヴァーター)と
言いますが、converterだけでも通じます。

省エネ設計です。

This is very energy-efficient.

ディスィ(ズ) ヴェリー エナジ イフィシャンッ

防水加工されています。

This is waterproof.

ディスィ(ズ) ウォータープルー(フ)

展示品です。

This is a display model.

ディスィ(ズ) ア ディ(ス)プレイ モデゥ

電池が付いています。

This comes with batteries.

ディ(ス) カム(ズ) ウィ(ズ) バァテリィ(ズ)

充電式です。

This is rechargeable.

ディスィ(ズ) リチャージャブゥ

付属パーツが充実しています。

There are a number of accessories available for this.

デア アー ア ナンバー オヴ ア(ク)セサリィ(ズ) アヴェイラブゥ フォー ディ(ス)

現在はどのモデルをお使いですか？

What model do you currently use?

ワッ モデゥ ドゥ ユー カランッリー ユー(ズ)？

日本国内では販売しておりません。

We don't sell that in Japan.

ウィ ドウンッ セゥ ダァッ イン ジャパン

量り売りです。

This is sold by weight.

ディスィ(ズ) ソウゥ(ド) バイ ウェイッ

100グラム1,000円です。

It's 1,000 yen for 100 grams.

イッツ ワン サウザン(ド) イェン フォー ワン ハンヂュレ(ド) グラァム(ズ)

日本の伝統的な製品です。

This is a traditional Japanese product.

ディスィ(ズ) ア チュラディシャナゥ ジャパニー(ズ) プロダ(クト)

 日本の伝統工芸品に興味のある外国のお客様は多いものです。店頭の商品を
英語で簡単に説明できるようになっていると、なお良いでしょう。

400年前から同じ技術で作られています。

This is made with a technique that has been used for 400 years.

ディスィ(ズ) メイ(ド) ウィズ ア テ(ク)ニー(ク) ダァッ ハァ(ズ) ビン
ユーズ(ド) フォー フォー ハンヂュレ(ド) イアー(ズ)

職人による手作りです。

This was handmade by a craftsman.

ディ(ス) ワ(ズ) ハンドメイ(ド) バイ ア クラァ(フツ)マン

この箸は、漆が塗られています。
These chopsticks are lacquered.

ディー(ズ) チョ(プス)ティ(クス) アー ラカー(ド)

漆器のことをlacquerware（ラカーウェア）と言います。

絹に刺繍をほどこしています。
This is embroidered silk.

ディスィ(ズ) インブロイダー(ド) スィゥ(ク)

ご当地限定品です。
This is only available in this region.

ディスィ(ズ) オウンリー アヴェイラブゥ イン ディ(ス) リージャン

試食可能です。
You can try a sample.

ユー キャン チュライ ア サンプゥ

日持ちがするのはこれです。
This is something that keeps for a long time.

ディスィ(ズ) サムスィン ダッキー(プス) フォー ア ロン(グ) タイ(ム)

お客様が、お土産として自国の知人に食べ物を購入する場合、干菓子などの痛みにくいものをおすすめするのが良いでしょう。

あんこを餅で包んだものです。
This is a rice cake filled with red bean paste.

ディスィ(ズ) ア ライ(ス)ケイッ フィゥ(ド) ウィ(ズ) レッ(ド) ビーン ペイ(スト)

ティラミスの味に似ています。

This tastes similar to a tiramisu.

ディ(ス) テイ(ツツ) スィミラー トゥ ア ティラミス

 外国の食べ物で似た味に思い当たるものがある場合、tiramisuの部分を変えて言ってみると良いでしょう。

普段はどういうお酒を飲んでいますか？

What kind of alcohol do you usually drink?

ワッ カイン(ド) オヴ アゥコホゥ ドゥ ユー ユージュアリー デュリン(ク)?

この日本酒は、お燗(かん)／冷酒で飲むとおいしいです。

This sake is delicious when you drink it <u>hot</u> / <u>cold</u>.

ディ(ス) サケ イ(ズ) デリシャ(ス) ウェン ユー デュリンキッ <u>ホッ</u>／<u>コウゥド</u>

日本の土産物		070
● 扇子	Japanese folding fan	ジャパニー(ズ) フォウゥディン ファン
● 暖簾(のれん)	traditional Japanese curtain	チュラディシャナゥ ジャパニー(ズ) カートン
● 手ぬぐい	cotton hand towel	コトゥン ハン(ド) タワゥ
● ふろしき	traditional Japanese wrapping cloth	チュラディシャナゥ ジャパニー(ズ) ラァピン クロ(ス)
● 浴衣	casual kimono	キャジュワゥ キモノ
● 茶器	implements for the Japanese tea ceremony	イ(ム)プリメン(ツ) フォー ダ ジャパニー(ズ) ティー セレモニー
● 陶器	porcelain	ポースリン
● 弁当箱	bento box	ベントウ ボッ(クス)

● 漬物	Japanese pickles	ジャパニー(ズ) ピクゥ(ズ)
● 料理レプリカ	replica food	レプリカ フー(ド)
● 箸	chopsticks	チョ(プス)ティ(クス)
● 日本人形	Japanese doll	ジャパニー(ズ) ドーゥ
● だるま	daruma doll	ダルマ ドーゥ
● こけし	kokeshi doll	コケシ ドーゥ
● たぬきの置物	raccoon-dog figure	ラクーンドッ(グ) フィギュア
● 招き猫	lucky cat figure	ラッキー キャッ フィギュア
● (冷蔵庫の) マグネット	fridge magnet	フリ(ジ) マグネッ
● 貯金箱	coin bank	コイン バァン(ク)
● 蚊取り豚	pig-shaped mosquito coil holder	ピッ(グ) シェイ(プト) モスキートウ コイゥ ホウルダー
● 湯たんぽ	hot water bottle	ホッ ウォーター ボトゥ
● くし	comb	コウ(ム)
● かんざし	traditional Japanese hair ornament	チュラディシャナゥ ジャパニー(ズ) ヘアー オーナメンッ
● 草履	Japanese sandals	ジャパニー(ズ) サンダゥ(ズ)
● げた	traditional Japanese footwear	チュラディシャナゥ ジャパニー(ズ) フッウェアー
● 和傘	traditional Japanese umbrella	チュラディシャナゥ ジャパニー(ズ) アンブレラ
● 風鈴	Japanese wind chimes	ジャパニー(ズ) ウィン(ド) チャイム(ズ)
● ちょうちん	paper lantern	ペイパー ラァンタン
● 爪切り	nail clippers	ネイゥ クリパー(ズ)
● 能のお面	noh mask	ノウ マァ(スク)
● 熊手	bamboo rake	バンブー レイ(ク)
● たこ	kite	カイッ
● コマ	spinning top	スピニン トッ(プ)

❸ 販売業

お肌に何かお悩みがありますか？

Do you have any problems with your complexion?

ドゥ ユー ハァヴ エニィ プロブレム(ズ) ウィズ ヨア コン(プ)レクシャン？

普段お使いになる色は何色ですか？

What colors do you usually use?

ワッ カラー(ズ) ドゥ ユー ユージュアリー ユー(ズ)？

何かアレルギーはございますか？

Do you have any allergies?

ドゥ ユー ハァヴ エニィ アァラジー(ズ)？

乳液とセットでお使いください。

Please use it along with moisturizer.

プリー(ズ) ユーズィッ アロン(グ) ウィ(ズ) モイ(ス)チャライザー

そちらを頂戴します。

Let me take that from you.

レッミー テイッ ダァッ フロ(ム) ユー

 お客様がゴミを手にしているのを目にしたら、手を差し出してこう言いましょう。

メイクを落としますがよろしいですか？

Can I remove your makeup?

キャナイ リムー(ヴ) ヨア メイカッ(プ)？

美白効果があります。

This has a skin-brightening effect.

ディ(ス) ハァ(ズ) ア スキン ブライトニン イフェ(クト)

お肌を元気にしてくれます。

This will rejuvenate your skin.

ディ(ス) ウィゥ リジューヴェネイチョア スキン

落ちにくいタイプです。

This is a long-lasting type.

ディスィ(ズ) ア ロン(グ) ラァスティン タイ(プ)

毛穴を引き締めてくれます。

This will shrink your pores.

ディ(ス) ウィゥ シュリン(ク) ヨア ポアー(ズ)

こちらはしっとりタイプ、こちらはさっぱりタイプです。

This is for dry skin, and this is for oily skin.

ディスィ(ズ) フォー デュライ スキン、アン ディスィ(ズ) フォー オイリー スキン

 化粧品の「しっとり」「さっぱり」を英語1語で表すのは困難。「しっとり」はfor dry skin（乾燥肌向け）、「さっぱり」はfor oily skin（脂性肌向け）と言えば間違いがありません。

血行を促進してくれます。

This will improve your circulation.

ディ(ス) ウィゥ インプルーヴ ヨア サーキュレイシャン

赤みや色ムラをカバーしてくれます。

This will cover redness and even out your skin tone.

ディ(ス) ウィゥ カヴァー レッドネ(ス) アン イーヴン アウッ ヨア スキン トウン

❸ 販売業

肌に透明感を出してくれます。

This will give you clearer-looking skin.

ディ(ス) ウィゥ ギヴ ユー クリアラー ルッキン スキン

肌の老化を防止してくれます。

This will prevent skin aging.

ディ(ス) ウィゥ プリヴェンッ スキン エイジン

中身を確認いたしましょう。

Let's just check.

レッ(ツ) ジャ(スト) チェ(ク)

 購入される製品が折れたり割れたりしていないか、お客様に確認していただく際に使います。

サンプルをお入れしましたので、お試しください。

I've included some samples for you to try.

アイ(ヴ) インクルーディッ(ド) サム サンプゥ(ズ) フォー ユー トゥ チュライ

● 化粧水	toner / lotion	トウナー／ロウシャン
● 乳液	moisturizer	モイ(ス)チャライザー
● 美容液	serum	スィーラ(ム)
● まつ毛美容液	eyelash serum	アイラァ(シュ) スィーラ(ム)
● 洗顔料	facial cleanser	フェイシャゥ クレンザー
● スクラブ洗顔料	facial scrub	フェイシャゥ スクラ(プ)
● 洗顔フォーム	cleansing foam	クレンズィン フォウ(ム)
● メイク落とし	makeup remover	メイカッ(プ) リムーヴァー
● パック	face pack	フェイ(ス) パァ(ク)
● リップクリーム	lip balm	リッ(プ) バー(ム)
● グロス	lip gloss	リッ(プ) グロ(ス)
● 口紅	lipstick	リッ(プ) スティ(ク)
● チーク(頬紅)	blush	ブラ(シュ)
● 下地	makeup base, primer	メイカッ(プ) ベイ(ス)、プライマー
● 日焼け止め	sunscreen, sunblock	サン(ス)クリーン、サンブロッ(ク)
● ファンデーション	foundation	ファウンデイシャン
● コンシーラー	concealer	コンスィーラー
● マスカラ	mascara	マァ(ス)キャァラ
● ビューラー	eyelash curler	アイラァ(シュ) カーラー
● 眉ブラシ／コーム	eyebrow brush / comb	アイブラウ ブラ(シュ)／コウ(ム)
● アイライナー	eyeliner	アイライナー
● リップライナー	lip liner	リッ(プ) ライナー
● アイブロウペンシル	eyebrow pencil	アイブラウ ペンスゥ
● アイシャドウ	eye shadow	アイ シャドウ
● ハイライト	highlighter	ハイライター
● シャンプー	shampoo	シャンプー
● コンディショナー	conditioner	コンディシャナー

● 香水	perfume	パーフュー(ム)
● ヘアブラシ	hairbrush	ヘアーブラ(シュ)
● マニキュア	nail polish	ネイゥ ポリ(シュ)
● 除光液	nail polish remover	ネイゥ ポリ(シュ) リムーヴァー
● 油取り紙	blotting sheet	ブロッティン シーッ
● おしろい	face powder	フェイ(ス) パウダー
● 化粧パフ	powder puff	パウダー パ(フ)
● 化粧スポンジ	makeup sponge	メイカッ(プ) スポン(ジ)
● 毛抜き	tweezers	トゥィーザー(ズ)

効能・特徴 |073|

● (肌の)引き締め効果	tightening effect	タイトニン イフェ(クト)
● (肌の)引き上げ効果	lifting effect	リフティン イフェ(クト)
● アンチエイジング効果	anti-aging effect	アンティ エイジン イフェ(クト)
● 美白効果	brightening effect	ブライ(ト)ニン イフェ(クト)
● 抗酸化作用のある	antioxidant	アンティ オ(ク)スィダンッ
● シミ予防の	anti-freckle	アンティ フレクゥ
● UVカットの	UV protective	ユーヴィー プロテ(ク)ティ(ヴ)
● 毛穴クレンジングの	pore-cleansing	ポア クレンズィン
● 乾燥肌	dry skin	デュライ スキン
● 脂性肌	oily skin	オイリー スキン
● 混合肌	combination skin	コンビネイシャン スキン
● 敏感肌	sensitive skin	センサティ(ヴ) スキン
● 保湿の	moisturizing	モイスチャライズィン
● 落ちにくい	long-lasting	ロン(グ) ラスティン

● べとべとしない	non-sticky	ノン (ス)ティッキィ
● パウダー状の	powdery	パウダリィ
● 液体の	liquid	リクウィッド
● ラメ入りの	glittery	グリタリー
● マットな	matte	マァッ
● ツヤ感のある	glossy	グロッスィー
● にじまない	non-smudge	ノン スマッ(ジ)
● 水に強い	waterproof	ウォータープルー(フ)
● 汗に強い	sweat-proof	スウェッ プルー(フ)
● 無香料の	fragrance-free	フレイグラン(ス) フリー
● 甘い香りの	sweet-scented	スウィーッ センティッ(ド)
● オーガニックの	organic	オーガニッ(ク)
● 防腐剤無添加の	preservative-free	プリザーヴァティ(ヴ) フリー

アメリカでの乗り継ぎ時、100mlを超える容器に入った液体物は手荷物として持ち込めません。

When you transfer within the U.S, you cannot have liquids in containers of over 100 ml in your carry-on baggage.

ウェン ユー チュラァン(ス)ファー ウィズイン ディ ユーエ(ス)、ユー キャノッ ハァ(ヴ) リクウィッ(ズ) イン コンテイナー(ズ) オヴ オウヴァー ワン ハンヂュレ(ド) ミリリーター(ズ) イニョア キャリィオン バァギ(ジ)

乗り継ぎ前にスーツケースに入れられない場合、購入しないでください。

Please don't purchase it if you cannot put it in your suitcase before transferring.

プリー(ズ) ドウンッ パーチャ(ス) イッ イフ ユー キャンノッ プッデッ イン ヨア スーッケイ(ス) ビフォー チュラァン(ス)ファリン

透明なプラスチック製のジップ付きの袋に入れてください。

Please put it in a transparent plastic ziplock bag.

プリー(ズ) プッデッ イナ チュラァン(ス)パァランッ プラァ(ス)ティッ ズィプロッ(ク) バァ(グ)

この品物は、没収される可能性があります。

This item could be confiscated.

ディ(ス) アイテ(ム) クッピー コンフィ(ス)ケイティッ(ド)

167

第4章

楽しい思い出を作っていただく
宿泊・レジャー・美容業のフレーズ

ホテル・旅館などの宿泊施設、遊園地や観光施設・名所などのレジャースポット、また、美容室やエステといった美容業において使える、様々な接客表現を集めました。

あいさつ

ようこそお越しくださいました。
Hello. It's a pleasure to have you.

ヘロウ。イッツ ア プレジャー トゥ ハァヴ ユー

 「いらっしゃいませ」は、p. 16で登場したHello, <u>sir</u> / <u>ma'am</u>. が使えます。Welcome.もよくある言い方です。

ごゆっくりおくつろぎください。
Please have a relaxing stay.

プリー(ズ) ハァヴァ リラァ(ク)スィン ステイ

いってらっしゃいませ。
Have a nice day.

ハァヴ ア ナイ(ス) デイ

 この他、Have a great day.(ハァヴ ア グレイッ デイ)、Enjoy your day.(エンジョイ ヨア デイ)、Take care!(テイッ ケア)などのバリエーションがあります。

(お戻りになったお客様に)お帰りなさいませ。
Welcome back.

ウェッカ(ム) バァ(ク)

 返答を前提としない定型のあいさつでも構いませんが、Did you have a nice day?(良い1日でしたか？)やDid you enjoy your visit to the museum?(美術館訪問は楽しかったですか？)などが英語らしい言い方です。このような問い掛けができると、お客様との関係も近くなります。

チェックイン

チェックインは午後3時からです。

Check-in starts at 3 p.m.

チェクイン スターツ アッ スリー ピーエ(ム)

 特に北米では、24時間制で時間を言うことはほとんどありません。午前3時は3 a.m.(スリー エイエム)、午後3時は3 p.m. (スリー ピーエム)と言うようにした方が、伝わりやすくなります。

チェックインまでスーツケースをお預かりしましょうか？

Shall we keep your suitcase until you check in?

シャゥ ウィ キーピョア スーッケイ(ス) アンティゥ ユー チェクイン？

チェックインはお済みですか？

Have you checked in yet?

ハァヴ ユー チェクティイン イェッ？

パスポートのコピーを取らせていただいてもよろしいですか？

May I take a photocopy of your passport?

メイ アイ テイカ フォゥトコピー オヴ ヨア パァ(ス)ポーッ？

 もし理由を求められた時は、We are required to do it by law.(ウィ アー リクワイアー[ド] トゥ ドゥ イッ バイ ロー／法律で義務付けられているんです)のように言うと良いでしょう。

コートはこちらのクロークでお預かりいたします。
We'll keep your coats at this coat check.

ウィゥ キーピョア コウ(ツ) アッ ディ(ス) コウッチェ(ク)

 「預かり所」のことをアメリカ英語ではcoat check、coatroom、イギリス英語ではcloakroom（クロウクルーム）と言います。cloak単独では通常「上着の上に羽織る、防寒用のコート」を意味します。

荷物はこちらの番号札でお預かりします。
Your luggage is kept under this number.

ヨア ラギ(ジ) イ(ズ) ケプタンダー ディ(ス) ナンバー

ただ今、お部屋の最終確認をしております。
We are just doing a final check of your room.

ウィ アー ジャ(スト) ドゥーイン ア ファイノゥ チェ(ク) オヴ ヨア ルー(ム)

お荷物をお持ちします。
I'll carry your luggage.

アイゥ キャリィ ヨア ラギ(ジ)

スーツケースを横にしてもよろしいですか？
May I lay the suitcase on its side?

メイ アイ レイ ダ スーッケイ(ス) オン イ(ツ) サイ(ド)?

お部屋にご案内します。

I'll show you to your room.

アイゥ ショウ ユー トゥ ヨア ルー(ム)

 「お部屋はこちらになります」は、シンプルにThis is your room.（ディスィ[ズ] ヨア ルーム）でOKです。

こちらが1001号室の鍵です。

Here is the key for room 1001.

ヒア リ(ズ) ダ キー フォー ルー(ム) テノウワン

部屋番号の読み方

1001号室は、room one thousand oneでなくroom ten oh one （ルーム テノウワン）と読むのが普通です。ここで、3桁と4桁の部屋番号の呼び方について整理しておきましょう。

① 3桁の場合「1桁＋2桁」、4桁の場合「2桁＋2桁」で区切って読む。
② 十の位に0がある場合、その0はoh（またはzero）と読む。

例	120	one twenty （1+20）
	808	eight oh eight （8+0+8）
	934	nine thirty four （9+34）
	2020	twenty twenty （20+20）
	3001	thirty oh one （30+0+1）

以下のようなキリの良い数字の場合は、上記にとらわれない読み方になります。

| 例 | 1800 | eighteen hundred |
| | 2000 | two thousand |

ただし、英語の数字がどうしても難しい場合は、1桁ずつ読んでもまったく問題ありません。1234号室の場合、room twelve thirty fourと読むのが普通ですが、room one-two-three-fourと読んでも十分通じます。

フロント

ご不明な点がありましたら、フロントまでお電話ください。

Please call the front desk if you have any questions.

プリー(ズ) コーゥ ダ フランッ デ(スク) イフ ユー ハァヴ エネィ クウェスチャン(ズ)

 「フロント」はfront deskまたはreception（レセプシャン）です。

お帰りが遅くなりそうでしたら、部屋の鍵を持ったままお出掛けください。

If you are going to be returning late, please take your key with you.

イフ ユー アー ゴウイン トゥ ビー リターニン レイッ、プリー(ズ) テイキョア キー ウィズ ユー

お出掛けの際は、フロントで鍵をお預けください。

Please leave your key at the front desk before going out.

プリー(ズ) リー(ヴ) ヨア キー アッ ダ フランッ デ(スク) ビフォー ゴウイン アウッ

お出掛けの際は、部屋の鍵はご自身で管理してください。

Please keep your key with you when going out.

プリー(ズ) キーピョア キー ウィズ ユー ウェン ゴウイン アウッ

（部屋に入る時に）鍵を回しながらドアを開けてください。

Please turn the key as you open the door.

プリー(ズ) ターン ダ キー ア(ズ) ユー オウプン ダ ドア

貴重品はご自身で管理してください。

Please manage your own valuables.

プリー(ズ) マナジ ヨア オウン ヴァリャブゥ(ズ)

貴重品は金庫に入れてください。

Please keep your valuables in the safe.

プリー(ズ) キーピョア ヴァリャブゥ(ズ) インダ セイ(フ)

ご都合の良い時に、フロントにお立ち寄りください。

Please come by the front desk at your convenience.

プリー(ズ) カ(ム) バイ ダ フランッ デ(スク) アッチョア コンヴィーニャン(ス)

変圧器をお使いになりますか？

Do you need a voltage converter?

ドゥ ユー ニーダ ヴォゥティッ(ジ) コンヴァーター？

すべての金額につきサービス料を別途10%申し受けます。

We add a 10 percent service charge to all prices.

ウィ アァッダ テン パーセンッ サーヴィ(ス) チャー(ジ) トゥ オーゥ プライスィ(ズ)

係の者がご案内いたします。

One of our staff will show you.

ワノヴ アワ スタァ(フ) ウィゥ ショウ ユー

自動販売機は各階にあります。

There are vending machines on every floor.

デア アー ヴェンディン マシーン(ズ) オン エヴリ フロア

自動販売機のご利用は午後9時までです。

The vending machines are available until 9 p.m.

ダ ヴェンディン マシーン(ズ) アー アヴェイラブゥ アンティゥ ナイン ピーエ(ム)

館内は、バルコニーを含めて禁煙です。

The building is nonsmoking, including the balconies.

ダ ビゥディン イ(ズ) ノンスモウキン、インクルーディン ダ バァゥコニー(ズ)

ロビーでのルームスリッパのご利用はご遠慮ください。

Please don't wear your room slippers in the lobby.

プリー(ズ) ドウンッ ウェアー ヨア ルー(ム) スリパー(ズ) イン ダ ロービィ

トイレでは備え付けのスリッパに履き替えてください。

Please use the slippers provided while you are in the restroom.

プリー(ズ) ユー(ズ) ダ スリパー(ズ) プロヴァイディッ(ド) ワィゥ ユー アー イン ダ レ(ス)ッチュルー(ム)

 「どこからどこまで靴のままでいいのか」「どこでスリッパを履くのか・脱ぐのか」は、慣れないお客様にとっては難しいものです。トイレのスリッパも、それが専用のものと気が付かない可能性も考慮しておくと良いでしょう。

午後6時30分から2階で食事ができます。

You can dine on the 2nd floor from 6:30 p.m.

ユー キャン ダイン オン ダ セカン(ド) フロア フロ(ム) スィ(クス) サーティ ピーエ(ム)

 イギリスでは、1階のことをthe ground floorと言い、2階を the first floorと言います。アメリカとは1階ずつずれていくことも覚えておきましょう。

ジムとプールのご利用は別料金となります。

There is an additional fee to use the gym and pool.

デア リズ アナディシャナゥ フィー トゥ ユー(ズ) ダ ジ(ム) アン プーゥ

Wi-Fiは全館でご利用いただけます。

Wi-Fi is available in the whole building.

ワイファイ イズ アヴァイラブゥ イン ダ ホウゥ ビルディン

 「ロビーのみで利用可能」なら、Wi-Fi is only available in the lobby.(ワイファイ イ[ズ] オンリー アヴェイラブゥ イン ダ ロービィ)です。

● ロビー	lobby	ロービィ
● フロント	front desk	フランッ デ(スク)
● 入り口	entrance	エンチュラン(ス)
● 浴室	bathroom	バァスルー(ム)
● 廊下	hallway	ホーゥウェイ
● 非常口	emergency exit	イマージャンスィ エ(グ)ズィッ
● 非常階段	emergency stairs	イマージャンスィ ステアー(ズ)
● 和室	tatami room	タタミ ルー(ム)
● 洋室	Western-style room	ウェスタン スタイゥ ルー(ム)
● エレベーター	elevator	エレヴェイター
● エスカレーター	escalator	エ(ス)カレイター
● 宴会場	banquet room	バンクウィッ ルー(ム)
● 自動販売機	vending machine	ヴェンディン マシーン
● ラウンジ	lounge	ラウン(ジ)
● サウナ	sauna	ソーナ
● ジャクジー	Jacuzzi	ジャクーズィ
● 売店	souvenir shop	スーヴニアー ショ(プ)
● 製氷機	ice machine	アイ(ス) マシーン
● フィットネスセンター	fitness center	フィトネ(ス) センター
● 美容室	beauty salon	ビューティ サローン
● 現金自動預払機	ATM	エイティーエ(ム)
● ギャラリー	gallery	ギャラリー
● 1泊2食付き	one-night stay with two meals	ワン ナイッ ステイ ウィ(ズ) トゥー ミーゥ(ズ)
● 素泊まり	bed without meals	ベッ(ド) ウィザウッ ミーゥ(ズ)
● 1泊2日	one night and two days	ワン ナイッ アン トゥー デイ(ズ)
● 2泊3日	two nights and three days	トゥー ナイ(ツ) アン スリー デイ(ズ)

食事

朝食はビュッフェスタイルです。

Breakfast is buffet style.

ブレ(ク)ファー(ス)ティ(ズ) バフェッ スタイゥ

> 「バイキング」は和製英語のため通じません。「ビュッフェ」という発音も、
> フランス語由来なので通じないと考えておいた方が良いでしょう。

間もなく朝食終了のお時間ですが、お代わりはよろしいでしょうか？

Breakfast time is almost over. Will you be having seconds?

ブレ(ク)ファー(スト) タイ(ム) イ(ズ) オーゥモウ(スト) オウヴァー。ウィゥ ユー ビー ハァヴィン セカン(ズ)?

お料理は午前10時にすべてお下げしますので、それまでにお取りください。

All food will be cleared away at 10 a.m. Please take your food before then.

オーゥ フー(ド) ウィゥ ビー クリアー(ド) アウェイ アッ テン エイエ(ム)。
プリー(ズ) テイキョア フー(ド) ビフォー デン

電話（予約対応）

081

何名様でご宿泊でしょうか？

How many people will be staying?

ハウ メネィ ピープゥ ウィゥ ビー ステイイン？

いつから何泊のご宿泊ですか？

From what day, and for how many nights?

フロ(ム) ワッ デイ、アン ハウ メネィ ナイ(ツ)？

お部屋のご希望はございますか？

Do you have any room preference?

ドゥ ユー ハァヴ エネィ ルー(ム) プレファラン(ス)？

洋室と和室どちらになさいますか？

Would you like a Western-style or Japanese-style room?

ウッジュー ライカ ウェスタン スタイゥ オア ジャパニー(ズ) スタイゥ ルー(ム)

 「和室」はtatami roomと言っても構いません。

お部屋の空きがございます。

We have a vacancy.

ウィ ハァヴ ア ヴェイカンスィ

 「空きがございません」は、We don't have any vacancies.（ウィ ドウンッ ハァヴ エネィ ヴェイカンスィーズ）です。

お部屋をお取りしておきます。

I'll reserve a room for you.

アイゥ リザーヴ ア ルー(ム) フォー ユー

1泊2食付きで10,000円です。

One night with two meals comes to 10,000 yen.

ワン ナイッ ウィ(ズ) トゥー ミーゥ(ズ) カム(ズ) トゥ テン サウザン(ド) イェン

朝食込みでございます。

Breakfast is included.

ブレ(ク)ファー(ス)ティ(ズ) インクルーディッ(ド)

他に何か質問はございますか？

Do you have any other questions?

ドゥ ユー ハァヴ エニィ アダー クウェスチャン(ズ)？

お客様のお越しを楽しみにしております。

We look forward to seeing you.

ウィ ルッ(ク) フォーワーッ トゥ スィーンギュー

12月29日より3泊ご予約を承っております。

Your reservation is for three nights starting on December 29th.

ヨア レザヴェイシャン イ(ズ) フォー スリー ナイ(ツ) スターティン オン
ディセンバー トゥウェンティ ナイン(ス)

Staff : Hotel Japan. May I help you?

Customer : I'd like to know your rates.

Staff : Sure. What kind of room would you like and for how many people?

Customer : I'd like a room for two people.

Staff : **From what day, and for how many nights?**

Customer : From May 2nd for three nights.

Staff : Would you like separate beds?

Customer : Yes, please. And I'd like a room with a bathtub.

Staff : It will be 12,000 yen per person per night, including breakfast.

Customer : Please go ahead and book a room.

Staff : Certainly. May I have your name please?

Customer : My name is John Benson.

Staff : Would you spell your name for me please?

Customer : It's J-O-H-N, B-E-N-S-O-N.

Staff : Check-in is from 3 o'clock.

Customer : Is there Wi-Fi ?

Staff : Yes, and it's free.

Customer : OK, thank you.

Staff : **We look forward to seeing you** on May 2nd. Have a nice day.

スタッフ：ホテルジャパンでございます。お伺いいたします。
　　　客：値段を知りたいんですが。
スタッフ：かしこまりました。お部屋の種類のご希望と何名様のご宿泊かをお知らせ
　　　　　いただけますか？
　　　客：2人用のお部屋をお願いします。
スタッフ：いつから何泊のご宿泊ですか？
　　　客：5月2日から3泊です。

スタッフ：ベッドが別々のお部屋がよろしいですか？
　　　客：お願いします。あと、バスタブ付きの部屋がいいのですが。
スタッフ：1泊お1人様12,000円となります。朝食込みです。
　　　客：では、部屋の予約をお願いします。
スタッフ：承知いたしました。お名前を頂けますか？
　　　客：ジョン・ベンソンです。
スタッフ：お名前のつづりをお願いします。
　　　客：J-O-H-N、B-E-N-S-O-Nです。
スタッフ：チェックインは3時からです。
　　　客：Wi-Fiはありますか？
スタッフ：はい、無料です。
　　　客：はい、ありがとう。
スタッフ：5月2日にお待ち申し上げております。良い1日をお過ごしください。

※太字は本書に登場しているフレーズです。

フロントです。

This is the front desk speaking.

ディスィ(ズ) ダ フランッ デ(スク) スピーキン

すぐに手配いたします。

I'll arrange for that right away.

アイゥ アレイン(ジ) フォー ダァッ ライタウェイ

すぐに伺います。

I'm on my way.

アイ(ム) オン マイ ウェイ

ただ今、担当の者に代わります。

Let me transfer you to the person who can take care of this.

レッミー チュラァンスファー ユー トゥ ダ パースン フー キャン テイッ ケア ロ(ヴ) ディ(ス)

オオバ様からご伝言がございました。

Ms. Oba has left you a message.

ミズ オオバ ハァ(ズ) レ(フ)チュー ア メセ(ジ)

 女性の名前を呼ぶ際は、姓の前にMs.(ミズ)の敬称を付けるのが一般的です。

外線でキクノ様よりお電話が入っております。
Mr. Kikuno is on the external line for you.

ミスター キクノ イ(ズ) オン ダ エ(クス)ターナゥ ライン フォー ユー

客室アメニティ・備品		084
● ドライヤー	hair dryer	ヘアー ドライアー
● 歯ブラシ	toothbrush	トゥー(ス)プラ(シュ)
● 歯磨き粉	toothpaste	トゥー(ス)ペイ(スト)
● かみそり	razor	レイザー
● トイレットペーパー	toilet paper	トイレッ ペイパー
● 冷蔵庫	refrigerator	リ(フ)リジャレイター
● テレビ	TV	ティーヴィー
● 電気ポット	electric pot	エレ(ク)チュリッ(ク) ポッ
● 灰皿	ashtray	アァ(シュ)チュレイ
● ゴミ箱	trash can	チュラ(シュ) キャン
● 金庫	safe	セイ(フ)
● コンセント	outlet	アウッレ
● リモコン	remote control	リモウッ コンチュロウゥ
● ハンガー	hanger	ハンガー
● ベッド	bed	ベッ(ド)
● トイレ	toilet	トイレッ
● 目覚まし時計	alarm clock	アラー(ム) クロ(ク)
● アイロン	iron	アイアン
● アイロン台	ironing board	アイアニン ボー(ド)
● エアコン	air conditioner	エア コンディシャナー
● 栓抜き	bottle opener	ボトゥ オウプナー
● (お湯の入った)ポット	hot pot	ホッ ポッ

4 宿泊・レジャー・美容業

使用済みタオルは、脱衣所内の所定ボックスにお入れください。

Please put the used towel in the designated box in the dressing room.

プリー(ズ) プッ ダ ユーズ(ド) タワゥ イン ダ デズィ(グ)ネイティッ(ド)
ボッ(クス) イン ダ デュレスィン ルー(ム)

湯船にタオルを浸けないようにしてください。

Make sure you don't put your towel in the bathwater.

メイ(ク) シュア ユー ドウンッ プッチョア タワゥ イン ダ バァ(ス)ウォーター

湯船には体をすすいでからお入りください。

Please rinse your body before entering the spa pool.

プリー(ズ) リン(ス) ヨア ボディ ビフォー エンタリン ダ スパー プーゥ

 海外のお客様の中には、日本の入浴マナーを知らない方も多くいらっしゃいます。事前にお伝えしておくと良いでしょう。

湯船では泳がないようにしてください。

Please don't swim in the spa pools.

プリー(ズ) ドウンッ スウィ(ム) イン ダ スパー プーゥ(ズ)

 西洋の入浴施設では、水着を着て入り、泳げるスタイルが主流です。浴槽で泳いでいるお客様を発見したら、やさしくお伝えしましょう。

服はすべてお脱ぎください。

Please take off all your clothes.

プリー(ズ) テイコ(フ) オーゥ ヨア クロウ(ズ)

水着の着用はご遠慮ください。

Please don't wear a bathing suit.

プリー(ズ) ドウンッ ウェアー ア ベイズィン スーッ

床が滑りやすいのでご注意ください。

Please be careful because the floor is slippery.

プリー(ズ) ビー ケアフゥ ビコー(ズ) ダ フロア イ(ズ) スリパリー

浴場は男女別になっております。

The men's and women's baths are separate.

ダ メン(ズ) アン ウィメン(ズ) バァ(ツ) アー セパレッ

 「浴場は混浴です」はThe baths are unisex.(ダ バァ[ツ] アー ユニセ[クス])
です。

貸し切りでご利用いただけます。

You may reserve it for private use.

ユー メイ リザーヴィッ フォー プライヴェッ ユー(ス)

タオルは別料金です。

Towels are charged separately.

タワゥ(ズ) アー チャージ(ド) セパレッリー

入浴施設でのタトゥー

温泉・プールなどで時々見かける表示に「タトゥー・入れ墨の方お断り(People with Tattoos Are Not Permitted to Enter)」というものがあります。日本では歴史的にタトゥーに対して否定的な見方があり、それが今も残っているからですが、これは、外国人との摩擦の原因になる可能性があります。

というのも、タトゥーをファッションととらえる国や地域では、普通のサラリーマンであっても腕に好きな柄を彫ることは少なくないからです。また、ある文化にとっては、タトゥーを入れることが民族の習わしであり、誇りである場合さえあります。このような人たちにとって、タトゥーを理由とする入場拒否は、不当に差別されたような気持ちになるはずです。

日本において、タトゥーを拒絶する大きな理由の1つは治安の問題です。ただ、もしタトゥーを入れた外国人を受け入れる・受け入れないということと、治安に因果関係がないのであれば、観光立国の実現に力を入れている日本は、考え方を少し改める時期に差し掛かっているのかもしれません。

昨今では、文化としてのタトゥーに理解のある経営者が増えつつあり、入浴をOKとする銭湯、また、タトゥーを入浴時に隠すための小さなカバーシールを試験的に用意する宿泊施設も出てきています。日本の文化と相手の文化の両方を大切にしつつ、いかにして外国から来たお客様をおもてなしすべきなのか、私たちにはその知恵が求められています。

清掃

086

お部屋の掃除にまいりました。

I'm here to clean your room.

アイ(ム) ヒア トゥ クリーン ヨア ルー(ム)

 May I clean your room? (メイアイ クリーニョア ルー[ム]？／お掃除させていただいてよろしいですか？)という言い方もあります。

私どもは、規則で鍵を開けられないことになっています。

We cannot unlock the room due to hotel rules.

ウィ キャノッ アンロッ(ク) ダ ルー(ム) デュー トゥ ホテゥ ルーゥ(ズ)

いつ頃お掃除いたしましょうか？

When would you like your room cleaned?

ウェン ウッジュー ライキョア ルー(ム) クリーン(ド)？

本日のお部屋のお掃除はどうなさいますか？

Would you like your room cleaned today?

ウッジュー ライキョア ルー(ム) クリーン(ド) トゥデイ？

お掃除不要の場合は、ドアノブへこの札を掛けておいてください。

Please hang this sign on the doorknob if your room doesn't need cleaning.

プリー(ズ) ハァン(グ) ディ(ス) サイン オン ダ ドアノ(ブ) イフ ヨア ルー(ハ) ダズンッ ーー(ド) クリーニン

お客様のおっしゃる通りです。

You are absolutely right.

ユー アー ア(ブ)ソルーッリ ライッ

お部屋を変えさせていただきます。

We'll change your room.

ウィゥ チェイン(ジ) ヨア ルー(ム)

ご希望にお応えできず申し訳ございません。

We are sorry that we cannot help you.

ウィ アー ソーリー ダァッ ウィ キャノッ ヘゥピュー

すべてのお客様に、こうした対応をさせていただいております。

We do this for all our customers.

ウィ ドゥ ディ(ス) フォー オーゥ アワ カスタマー(ズ)

担当の職員を厳重注意します。

We'll give strict instructions to the person involved.

ウィゥ ギ(ヴ) スチュリ(クト) イン(ス)トラ(ク)シャン(ズ) トゥ ダ パースン インヴォル(ヴド)

ご意見を今後の参考にさせていただきます。

We'll consider your suggestion for future reference.

ウィゥ コンスィダー ヨア サジェ(ス)チャン フォー フューチャー レファレン(ス)

今後このようなことがないよう留意いたします。

We'll make sure this never happens again.

ウィゥ メイ(ク) シュア ディ(ス) ネヴァー ハァプン(ズ) アゲン

恐れ入りますが、これが私どものベストです。

This is the best we can do, I'm afraid.

ディスィ(ズ) ダ ベ(スト) ウィ キャン ドゥ アイ(ム) アフレイ(ド)

 I'm afraidは「恐れ入りますが」を意味します。

❹ 宿泊・レジャー・美容業

ご理解・ご協力をお願い申し上げます。

Thank you for your understanding and cooperation.

サンキュー フォー ヨア アンダー(ス)タンディン アン コアパレイシャン

チェックアウト

088

チェックアウトですか？

Are you checking out?

アー ユー チェキン アウッ？

チェックアウトは正午までにお願いします。

Please check out by noon.

プリー(ズ) チェク アウッ バイ ヌーン

 「正午」は12 p.m.（トゥェウヴ ピーエ[ム]）とも言い換えられます。夜中の12時は12 a.m.（トゥェウヴ エイエ[ム]）またはmidnight（ミッナイッ）です。英語圏では24時間表記になじみのない人も多いので、12時間表記を用いましょう。

お忘れ物はございませんか？

Do you have everything with you?

ドゥ ユー ハァヴ エヴリスィン ウィズ ユー？

ご満足いただけましたか？

Was everything OK?

ワ(ズ) エヴリスィン オウケイ？

お部屋はいかがでしたか？

How was your room?

ハウ ワ(ズ) ヨア ルー(ム)？

よろしければこのアンケートにお答えください。

If you have time, please fill out this questionnaire.

イフ ユー ハァヴ タイ(ム)、プリー(ズ) フィラウッ ディ(ス) クウェスチャネアー

 「アンケート」はもともとフランス語で、英語としては通用しません。

スーツケースを玄関までお持ちします。

We'll take your suitcase to the entrance.

ウィゥ テイキョア スーッケイ(ス) トゥ ディ エンチュラン(ス)

シャトルバスは20分に1本出ます。

The shuttle bus leaves every 20 minutes.

ダ シャトゥ バ(ス) リーヴ(ズ) エヴリ トウェンティ ミナッ(ツ)

チェックアウトの延長は1時間につき1,000円です。

Late checkout is charged at 1,000 yen per hour.

レイッ チェクアウッ イ(ズ) チャージ(ド) アッ ワン サウザン(ド) イェン パー アワー

写真を撮る

写真をお撮りしましょうか？

Shall I take a picture for you?

シャライ テイク ア ピクチャー フォー ユー？

少し内側に寄ってください。

Please lean in a little bit.

プリー(ズ) リーン イン ア リトゥ ビッ

全員入らないので、詰めてください。

Can everyone move in so you all fit in the picture?

キャン エヴリワン ムー(ヴ) イン ソウ ユー オーゥ フィッ イン ダ ピクチャー？

中腰になってください。

Please crouch down.

プリー(ズ) クラウ(チ) ダウン

 「しゃがんでください」は、Please squat down.(プリー[ズ] スクワッ ダウン)です。なお、「和風トイレ」のことをsquat toiletと言います。

フラッシュを使ってもいいですか？

Can I use a flash?

キャナイ ユー(ズ) ア フラァ(シュ)？

はい、チーズ。
Say cheese!
セイ チー(ズ)！

 直訳すると「チーズと言ってください」。Smile! でも構いません。

イチ、ニ、サンで撮ります。イチ、ニ、サン。
I'll take it on three. One-two-three.
アイゥ テイキッ オン スリー。ワン、トゥー、スリー

 threeを言うタイミングでシャッターを切ります。

目をつぶりましたよ。
You blinked.
ユー ブリン(クト)

写真を確かめてもらえますか？
Can you check the photo?
キャン ユー チェ(ク) ダ フォウトウ？

ぶれてしまったので、もう1枚撮りますね。
It was out of focus, so I'll take one more.
イッ ワズ アウト(ヴ) フォウカ(ス)、ソウ アイゥ テイッ ワン モア

 「もう1枚撮ってもいいですか？」ならCan I take another one?(キャナイ テイッ アナダー ワン?)です。

じっとしてもらえますか？
Would you keep still, please?

ウッジュー キー(プ) スティゥ、プリー(ズ)？

　写真撮影

パターン①　090

Staff : Shall I take a picture for you?

Customer : Yes, please. This is an iPhone.

Staff : Do I just press here?

Customer : Yes.

Staff : **Please lean in a bit** more.

Customer : Like this?

Staff : **Say cheese!**

Customer : Cheese! Thank you.

Staff : My pleasure.

職員：写真をお撮りしましょうか？

客：はい、お願いします。これiPhoneです。

職員：ここのボタンを押すだけですか？

客：そうです。

職員：もう少し内側に寄ってください。

客：こんな感じですか？

職員：はい、チーズ！

客：チーズ！　ありがとうございます。

職員：どういたしまして。

Customer : Would you mind taking a picture for us?

Staff : Of course not.

Customer : Press halfway down to focus, and then press all the way.

Staff : **Can everyone move in?** People in the front, **please crouch down. I'll take it on three. One-two-three. Can you check the photo?**

Customer : That looks great. Thank you.

客：写真を撮ってくれませんか？

職員：もちろん、いいですよ。

客：半押しで焦点を定めて、それから全押ししてください。

職員：皆さん、もう少し内側に詰めてください。前の人は中腰に。イチ、ニ、サンで撮りますよ。イチ、ニ、サン。写真を確認してもらえますか？

客：よく撮れていますね。ありがとうございます。

4 宿泊・レジャー・美容業

※太字は本書に登場しているフレーズです。

代表の方のサインをお願いします。

Can someone sign for your party?

キャン サ(ム)ワン サイン フォー ヨア パーティ？

 主語がsomeone（誰か）になっていますが、英語ではこちらの言い回しの方が自然です。これで代表者がサインをする流れになります。

こちらの免責同意書にご記入ください。

Please sign the agreement on the exemption of liability.

プリー(ズ) サイン ディ アグリーメンッ オン ディ エ(グ)ゼンプシャン オ(ヴ) ライアビリティー

キャンセルや払い戻しはできません。

We don't accept cancellations or give refunds.

ウィ ドウンッ アクセ(プト) キャンセレイシャン(ズ) オア ギ(ヴ) リファン(ズ)

ツアーには<u>動きやすい</u>／<u>暖かい</u>服装でご参加ください。

Please wear <u>comfortable</u> / <u>warm</u> clothes for the tour.

プリー(ズ) ウェアー <u>カンファタブゥ</u>／<u>ウォー(ム)</u> クロウ(ズ) フォー ダ トゥアー

ハイヒール、スカートではツアーにはご参加いただけません。

You cannot take part in the tour wearing high heels or a skirt.

ユー キャノッ テイッ パーッ イン ダ トゥアー ウェアリン ハイ ヒーゥ(ズ) オア ア スカーッ

別料金で用具のレンタルがございます。

You can rent the gear for an extra charge.

ユー キャン レンッ ダ ギア フォー アネ(クス)チュラ チャー(ジ)

虫よけスプレーのご準備をおすすめします。

I recommend that you bring some bug spray.

アイ レコメンッ ダァッ ユー ブリン サ(ム) バ(グ) (スプ)レイ

❹ 宿泊・レジャー・美容業

お手洗いを済ませておくことをおすすめします。

I'd suggest going to the restroom in advance.

アイ(ド) サジェ(スト) ゴウイント トゥ ダ レ(ス)ッチュルー(ム) イナドヴァン(ス)

酔い止めのご準備をおすすめします。

I recommend that you bring motion sickness pills.

アイ レコメンッ ダァッ ユー ブリン モウシャン スィクネ(ス) ピゥ(ズ)

ツアー開始の10分前にこちらに集合してください。

Please gather here 10 minutes before the tour starts.

プリー(ズ) ギャザー ヒア テン ミナッ(ツ) ビフォー ダ トゥアー スター(ツ)

ツアーに参加される方は、こちらにお集まりください。

Tour group members over here, please.

トゥアー グルー(プ) メンバー(ズ) オウヴァー ヒア、プリー(ズ)

はぐれないように私の後をついてきてください。

Please follow right behind me so that you don't get lost.

プリー(ズ) フォロウ ライッ ビハイン(ド) ミー ソウ ダァッ ユー ドウンッ ゲッ ロー(スト)

 旗を持っていれば、Please don't lose sight of my flag.（プリー[ズ] ドウ
ンッ ルー[ズ] サイト[ヴ] マイ フラァ[グ]／私の持っている旗を見失わな
いようにしてください）と言っても良いでしょう。

トイレに行きたくなったら教えてください。

Please let me know if you want to go to the restroom.

プリー(ズ) レッ ミー ノウ イフ ユー ウォンッ トゥ ゴウ トゥ ダ レ(ス)ッチュルー(ム)

 toiletは、北米では「便器」を意味することの多い語です。「トイレ」は、
bathroom、lavatory、washroomなどと言うこともできます。

体調が悪くなったら教えてください。

Please let me know if you don't feel well.

プリー(ズ) レッ ミー ノウ イフ ユー ドウンッ フィーゥ ウェゥ

出発時間は2時30分です。それまでにバスにお戻りください。

We are leaving at 2:30. Please return to the bus before then.

ウィ アー リーヴィン アッ トゥー サーティ。プリー(ズ) リターン トゥ ダ バ(ス) ビフォー デン

ツアー		
● 半日ツアー	half-day tour	ハー(フ)デイ トゥアー
● 1日ツアー	full-day tour	フゥデイ トゥアー
● 集合場所	meeting point	ミーティン ポインッ
● 目的地	destination	デ(ス)タネイシャン
● 送迎サービス	pick-up service	ピッカッ(プ) サーヴィ(ス)
● 神社	shrine	シュライン
● 寺院	temple	テンプゥ
● 庭園	garden	ガードゥン
● 港	harbor	ハーバー
● 海岸	seaside	スィーサイ(ド)
● 人力車	rickshaw	リ(ク)ショー
● 動物園	zoo	ズー
● 遊園地	amusement park	アミュー(ズ)メンッ パー(ク)
● 水族館	aquarium	ア(ク)ウェリア(ム)
● 美術館	art museum	アーッ ミューズィア(ム)
● 博物館	museum	ミューズィア(ム)
● 朝市	morning market	モーニン マーケッ
● 地元工芸品	local craft	ロウカゥ クラァ(フト)
● 予想所要時間	estimated duration	エ(ス)ティメイティッ(ド) デュレイシャン
● 食事	meal	ミーゥ
● 料金	fare	フェア
● 世界遺産	world heritage	ワーゥド ヘリティ(ジ)
● 参加者	participant	パーティサパンッ
● 通訳ガイド	interpreter-guide	インター(プ)リター ガイ(ド)

④ 宿泊・レジャー・美容業

乗車時間は10分です。

This ride is 10 minutes long.

ディ(ス) ライド イ(ズ) テン ミナッ(ツ) ロン(グ)

定員は6名です。

This ride has a seating capacity of six.

ディ(ス) ライ(ド) ハァ(ズ) ア スィーティン キャパスィティ オ(ヴ) スィ(クス)

安全ベルトをお締めください。

Please fasten your seat belts.

プリー(ズ) ファスン ヨア スィーッ ベゥ(ツ)

安全バーで固定してください。

Please secure yourself with the safety bar.

プリー(ズ) セキュア ヨアセゥフ ウィ(ズ) ザ セイフティ バー

アトラクションの復旧には30分かかります。

The attraction will resume operating in 30 minutes.

ディ アチュラァ(ク)シャン ウィゥ リズー(ム) オペレイティン イン サーティ ミナッ(ツ)

乗車される方の人数分のチケットが必要です。

We require the same number of tickets as passengers.

ウィ リクワイアー ダ セイ(ム) ナンバー オ(ヴ) ティケッツ ア(ズ) パァセンジャー(ズ)

こちらの乗り物は、午後5時で受付終了です。

The last entrance to this ride is at 5 p.m.

ダ ラァ(スト) エンチュラン(ス) トゥ ディ(ス) ライド イ(ズ) アッ ファイ(ヴ) ピーエ(ム)

3歳以下のお子様には、大人の付き添いが必要です。

Children three years old or under must be accompanied by an adult.

チゥドレン スリー イアー(ズ) オウゥ(ド) オア アンダー マ(スト) ビー アカンパニー(ド) バイ アナダゥッ

身長120センチ未満のお子様はご乗車になれません。

Children under 120 centimeters cannot go on this ride.

チゥドレン アンダー ワン ハンヂュレ(ド) トゥウェンティ センティミーター(ズ) キャノッ ゴウ
オン ディ(ス) ライ(ド)

現在、世界のほとんどの国で、メートル法を採用していますが、アメリカではフィートを使うヤード・ポンド法が主流です。120センチは約four feet（フォー フィーツ）です。

申し訳ありませんが、安全規定に満たないためご乗車になれません。

Sorry, but you don't meet the safety requirements to ride.

ソーリー、バッ ユー ドウンッ ミーッ ダ セイフティ リクワイアメンッ トゥ ライ(ド)

こちらで身長を測らせていただけますか？

Can we measure your height over here?

キャン ウィ メジャー ヨア ハイッ オウヴァー ヒア？

天井が低くなっているのでご注意ください。

Please be careful of the low ceiling.

プリー(ズ) ビー ケアフゥ オ(ヴ) ダ ロウ スィーリン

安全上の理由のため、ポケットの中身をすべて出してください。

For reasons of safety, please empty all your pockets.

フォー リーズン(ズ) オ(ヴ) セイフティ、プリー(ズ) エンプティ オーゥ ヨア ポケッ(ツ)

貴重品はロッカーに入れて、鍵を掛けてください。

Please lock any valuables in a locker.

プリー(ズ) ロッ(ク) エネィ ヴァリャブゥ(ズ) インナ ロッカー

コインは後で戻ってきます。

The coin will be returned.

ダ コイン ウィゥ ビー リターン(ド)

乗り物から手や顔を出さないようにしてください。

Please keep your hands and head inside the ride.

プリー(ズ) キーピョア ハン(ズ) アン ヘッ(ド) インサイダ ライ(ド)

英語のパンフレットです。

Here is an English brochure.

ヒア リズ アネングリ(シュ) ブロウシュア

英語ツアーは午後3時に始まります。

The English tour starts at 3 p.m.

ディ イングリ(シュ) トゥアアー スター(ツ) アッ スリー ピーエ(ム)

英語の音声ガイドをお使いになりますか？

Do you need an audio guide in English?

ドゥ ユー ニーダン オーディオウ ガイ(ド) イネングリ(シュ)？

どちらの席をご希望ですか？

Which seat would you like?

ウィッ(チ) スィーッ ウッジュー ライ(ク)？

飲食は、決められた場所でお願いいたします。

You can only eat or drink in the designated area.

ユー キャン オウンリー イーッ オア ヂュリン(ク) イン ダ デズィ(グ)ネイティッ(ド) エリア

4
宿泊・レジャー・美容業

205

● 常設展	permanent exhibition	パーマネンッ エ(ク)サビシャン
● 特別展	special exhibition	スペシャゥ エ(ク)サビシャン
● 屋外展示	outdoor exhibit	アウッドア エ(グ)ジビッ
● 寄付・寄贈	donation	ドウネイシャン
● 考古	archaeology	アーキアラジー
● 彫刻	sculpture	スカゥ(プ)チャー
● 絵画	painting	ペインティン
● 書	calligraphy	カリグラフィ
● 武具	armor	アーマー
● 陶磁	ceramics	サラミ(クス)
● 漆工	lacquerware	ラカーウェア
● 染織	textiles	テ(クス)タイゥ(ズ)
● 工芸	crafts	クラァ(フツ)
● 民芸	folk art	フォー(ク) アーツ
● 国宝	national treasure	ナシャナゥ チュレジャー
● 展示中	on view	オン ヴュー
● 一般向けプログラム	public program	パブリッ プログラ(ム)
● 有効な学生証	valid student ID card	ヴァリッ ステューデンッ アイディー カー(ド)
● 指定席	reserved-seat	リザー(ヴド) スィーッ
● 自由席	non-reserved seat	ノン リザー(ヴド) スィーッ
● ベビーカー	baby stroller	ベイビ スチュロウラー
● 授乳室	nursing room	ナースィン ルー(ム)
● 車いす	wheelchair	ウィーゥチェア
● おむつ交換台	diaper-changing station	ダイパー チェインジン ステイシャン
● 多目的トイレ	wheelchair-accessible restroom	ウィーゥチェア アクセサブゥ レ(ス)ッチュルー(ム)

入場料は1,000円です。

Admission is 1,000 yen.

ア(ド)ミッシャン イ(ズ) ワン サウザン(ド) イェン

チケットは何名様分必要ですか？

How many people do you need tickets for?

ハウ メネィ ピープゥ ドゥ ユー ニー(ド) ティケッ(ツ) フォー？

このチケットでは入れません。

You cannot enter with this ticket.

ユー キャノッ エンター ウィ(ズ) ディ(ス) ティケッ

乗車券は別途ご購入ください。

Please buy ride tickets separately.

プリー(ズ) バイ ライツ ティケッ(ツ) セパレッリー

整理券を配布します。

We'll hand out number slips.

ウィゥ ハンダウッ ナンバー スリッ(プス)

本日は、私が担当させていただきます。
I'll be taking care of you today.

アイゥ ビー テイキン ケアロ(ヴ) ユー トゥデイ

 I'm ～(アイム～／私は～です)と自分の名前を言った後、このように続けると良いでしょう。

どのコースになさいますか？
Which course would you like?

ウィッ(チ) コー(ス) ウッジュー ライ(ク)?

こちらにお着替えください。
Please change into this.

プリー(ズ) チェイン(ジ) イントゥ ディ(ス)

あおむけになってください。
Please lie on your back.

プリー(ズ) ライ オニョア バァ(ク)

うつぶせになってください。
Please lie on your stomach.

プリー(ズ) ライ オニョア スタマッ(ク)

体のどこがつらいですか？

Where do you feel pain or discomfort?

ウェア ドゥ ユー フィーゥ ペイン オア ディ(ス)コンファーッ？

特に凝っているところはございますか？

Do you feel any strain in any particular spot?

ドゥ ユー フィーゥ エネィ スチュレイン イン エネィ パティキュラー スポッ？

 Do you have any tension in ...?(ドゥ ユー ハァヴ エネィ テンション イン …？／…に何か張りはございますか？)と言っても構いません。

力加減はいかがですか？

How is the pressure?

ハウ イ(ズ) ダ プレシャー？

 もう少し強くしてほしいと思うお客様は、Could you press a little harder?(クッジュー プレ[ス] ア リトゥ ハーダー？)のように答えるはずです。

ケガはありますか？

Any injuries?

エネィ インジャリー(ズ)？

触られたくないところはありますか？

Any places you don't want to be touched?

エネィ プレイスィ(ズ) ユー ドウンッ ウォンッ トゥ ビー タッ(チト)？

物足りないところはありますか？

Any spots that need more massaging?

エネィ スポッ(ツ) ダァッ ニー(ド) モア マッサージン？

(パック時などに)ゆっくりお休みください。

Please relax.

プリー(ズ) リラァ(クス)

クリームを塗ります。

I'm going to rub in some cream.

アイ(ム) ゴウイント トゥ ラブ イン サ(ム) クリー(ム)

膝を曲げてください。

Please bend your knees.

プリー(ズ) ベンジョア ニー(ズ)

膝を伸ばしてください。

Please extend your knees.

プリー(ズ) エ(クス)テンジョア ニー(ズ)

お疲れさまでした。

There you go. You are all finished.

デア ユー ゴウ。ユー アー オーゥ フィニッ(シュト)

 日本語を直訳しても通じません。英語圏では、このような場面ではストレートに終了を告げるのが自然です。

エステ・マッサージ店

● 更衣室	changing room	チェインジン ルー(ム)
● 体を起こす	lift up your body	リフタッ(プ) ヨア ボディ
● 腕を<u>上げる</u>／<u>下げる</u>	put your arm <u>up</u> / <u>down</u>	プッチョア アー(ム) <u>アッ(プ)</u>／<u>ダウン</u>
● 体を拭く	wipe your body	ワイピョア ボディ
● 痛い	hurt	ハーッ
● もっと強く／弱く	stronger / softer	スチュロンガー／ソ(フ)ター
● <u>上</u>／<u>下半身</u>	<u>upper</u> / <u>lower</u> body	<u>アパー</u>／<u>ロウワー</u> ボディ
● 強さ加減	pressure	プレシャー
● つぼ	pressure point	プレシャー ポインッ
● むくみ	swelling	スウェリン
● 凝り	stiffness	スティ(フ)ネ(ス)
● 老廃物	waste products	ウェイッ(ス) プロダ(クツ)
● 脱毛	hair removal	ヘアー リムーヴァゥ
● 美顔エステ	facial treatment	フェイシャゥ チュリーッメンッ
● 痩身エステ	slimming treatment	スリミン チュリーッメンッ
● ハーブティー	herbal tea	ハーバゥ ティー
● カルテ	chart	チャーッ
● 持病	chronic illness	クロニッ(ク) イゥネ(ス)
● 貴重品	valuables	ヴァリャブゥ(ズ)

④ 宿泊・レジャー・美容業

英語の雑誌をお持ちしましょうか？

Would you like me to bring you some magazines in English?

ウッジュー ライッ ミー トゥ ブリンギュー サ(ム) マァガズィーン(ズ) イニングリ(シュ)？

 英語の雑誌がない場合は、in Englishの部分を取ります。

今日はどのようになさいますか？

What shall we do with your hair today?

ワッ シャゥ ウィ ドゥ ウィズ ヨア ヘアー トゥデイ？

 What shall I do ...?(ワッ シャライ ドゥ…？)でも構いませんが、weを使った方が丁寧なニュアンスになります。

スタイリストのご指名はございますか？

Do you have a specific stylist?

ドゥ ユー ハァヴ ア スペスィフィッ スタイリ(スト)？

ヘアカタログからお選びください。

Please choose from the hairstyle catalogue.

プリー(ズ) チュー(ズ) フロ(ム) ダ ヘアースタイゥ キャァタロー(グ)

椅子を倒します。

I'm going to recline the chair.

アイ(ム) ゴウイン トゥ リクライン ダ チェア

212

椅子を起こします。

I'm going to bring the chair upright.

アイ(ム) ゴウイン トゥ ブリン ダ チェア ア(プ)ライッ

シャンプー台に移動してください。

Please go over to the shampoo station.

プリー(ズ) ゴウ オウヴァー トゥ ダ シャンプー ステイシャン

（シャンプー時に）首の位置は大丈夫ですか？

Are you comfortable?

アー ユー カンファタブゥ？

 「首の位置」だからといってneck positionというのは不自然で、このシチュエーションでは、あえてそう言う必要もありません。

4 宿泊・レジャー・美容業

湯加減はいかがですか？

Is the water temperature OK?

イ(ズ) ダ ウォーター テンプラチュア オウケイ？

かゆいところはありますか？

Are you itchy anywhere?

アー ユー イチー エネウェア？

洗い足りない部分はありますか？

Is there any place you would like me to wash a little more?

イ(ズ) デア エネィ プレイ(ス) ユー ウッ(ド) ライッ ミー トゥ ウォッ(シュ) ア リトゥ モア？

どのくらい切りましょうか？
How much would you like me to cut?
ハウ マッ(チ) ウッジュー ライッ ミー トゥ カッ？

もう少し軽くしますか？
Would you like me to take some more off?
ウッジュー ライッ ミー トゥ テイッ サ(ム) モア オ(フ)？

分け目はどうなさいますか？
How would you like your part?
ハウ ウッジュー ライッキョア パーッ？

後ろはこんな感じです。
Please take a look at the back.
プリー(ズ) テイカ ルッ(ク) アッ ダ バァ(ク)

 p. 18のHow is it? も、「こんな感じでいかがですか？」のニュアンスで使えます。

これまでにカラーリングでトラブルはありましたか？
Have you ever had any trouble with hair dyes?
ハァヴ ユー エヴァー ハァ(ド) エ二ィ チュラブゥ ウィ(ズ) ヘアー ダイ(ズ)？

根元だけお染めしますか？
Would you like me to just touch up your roots?
ウッジュー ライッ ミー トゥ ジャ(スト) タッ(チ) アッ(プ) ヨア ルー(ツ)？

毛先まですべてお染めしますか？
Would you like me to dye all of your hair?
ウッジュー ライッ ミー トゥ ダイ ヨア オーラヴ ヨア ヘアー？

 カラーリング中に「薬は頭皮にしみていませんよね？」と確認したい場合には、The chemicals are not stinging your scalp, right?（ダ ケミカゥズ アーノッ スティンギン ヨア スキャゥプ、ライッ？）と言います。

整髪料を付けますか？
Would you like me to use a styling product on your hair?
ウッジュー ライッ ミー トゥ ユー(ズ) ア スタイリン プロダ(クト) オニョア ヘアー？

仕上げに巻きましょうか？
Would you like me to put in some waves or curls?
ウッジュー ライッ ミー トゥ プッティン サ(ム) ウェイ(ヴズ) オア カーゥ(ズ)？

美容院		
● 前髪	bangs	バン(グズ)
● もみあげ	sideburn	サイッバーン
● 襟足	back of the head, nape	バァコ(ヴ) ダ ヘッ(ド)、ネイ(プ)
● つむじ	crown	クラウン
● 白髪	gray hair	グレイ ヘアー

101

● 眉毛	eyebrow	アイブラウ
● 枝毛	split ends	スプリッ エン(ズ)
● 髪型	hairstyle, hairdo	ヘアースタイゥ、ヘアードゥー
● そろえる	trim	チュリ(ム)
● 5センチ切る	take 5 centimeters off	テイッ ファイ(ヴ) センティ ミーターズ オ(フ)
● このくらいの長さに	this long	ディ(ス) ロン(グ)
● 傷んだ部分	damaged part	ダァミ(ジド) パーツ
● ブロー	blow-dry	ブロウ デュライ
● 毛先	ends	エン(ズ)
● 根元	roots	ルー(ツ)
● すく	thin out your hair	スィン アウッ ヨア ヘアー
● 緩いパーマ	light perm	ライッ パー(ム)
● きついパーマ	tight perm	タイッ パー(ム)
● ストレートパーマ	straight perm	スチュレイッ パー(ム)
● ポイント(部分) パーマ	spot perm	スポッ パー(ム)

第5章

備えあれば憂いなし

医療業 &
病気・トラブル

の際のフレーズ

病気・ケガなどの対応に当たる際に
役立つ表現や、迷子・盗難といった
トラブル時に必要な表現です。

_{ばんそうこう}
絆創膏をお持ちします。

I'll get you a bandage.

アイゥ ゲッチュー ア バァンディ(ジ)

 日本でよく使われるBand-Aid(バンデイッ)という語は、北米の会社の商標・商品名ですが、問題なく通じます。この他、イギリスなどではplaster(プラァ[ス]ター)とも言います。

大丈夫ですか？

Are you all right?

アー ユー オーゥ ライッ？

ご気分が悪いのですか？

Do you feel sick?

ドゥ ユー フィーゥ スィッ(ク)？

ソファまで歩けますか？

Can you walk over to the sofa?

キャン ユー ウォーク オウヴァー トゥ ダ ソウファ？

あちらに座りませんか？

Why don't you sit down over there?

ワイ ドウンチュー スィッ ダウン オウヴァー デア？

お水をお持ちしましょうか？

Would you like me to bring you some water?

ウッジュー ライッ ミー トゥ ブリンギュー サ(ム) ウォーター？

ここで安静にしていてください。

Please stay here and relax.

プリー(ズ) ステイ ヒア アン リラァ(クス)

お医者さんを呼びます。

I'll call a doctor.

アイゥ コーラ ドクター

救急車を呼びましょうか？

Should I call an ambulance?

シュダイ コーゥ アナンビュラン(ス)？

110番／119番しましょうか？

Should I make an emergency call?

シュダイ メイカネマァジェンスィ コーゥ？

 アメリカ、カナダでは警察・救急・消防の緊急番号はすべて911、イギリス では999です。110(ワン ワン ズィロウ)は伝わりにくいかもしれません。

病院・クリニック

この病院は初めてですか？

Is this your first time at this hospital?

イ(ズ) ディ(ス) ヨア ファー(スト) タイ(ム) アッ ディ(ス) ホスピタゥ？

 通常、複数の科がある大型の施設をhospital、専門医のいる1つの科の施設
をclinicと呼びます。

保険証をお持ちですか？

Do you have a health insurance card?

ドゥ ユー ハァヴ ア ヘゥス インシュアラン(ス) カー(ド)？

 日本に1年以上滞在する外国人は、日本の国民健康保険に加入することが義
務付けられています。

保険証をお持ちでないと全額自費になります。

You must pay all your bill yourself if you don't have a health insurance card.

ユー マ(スト) ペイ オーゥ ヨア ビゥ ヨアセゥ(フ) イフ ユー
ドウンッ ハァヴ ア ヘゥ(ス) インシュアラン(ス) カー(ド)

問診票に記入してください。

Please fill in the questionnaire.

プリー(ズ) フィリン ダ クウェスチャネアー

名前を呼ばれるまで、待合室でお待ちください。

Please wait in the waiting room until you are called.

プリー(ズ) ウェイティン ダ ウェイティン ルー(ム) アンティゥ ユー アー コーゥ(ド)

今日はどうされましたか?

What's bothering you today?

ワッツ ボザリンギュー トゥデイ?

どのくらいの期間、その症状がありますか?

How long have you had that symptom?

ハウ ロン(グ) ハァヴ ユー ハァ(ド) ダァッ スィンプト(ム)?

本日の診察料は2,000円になります。

Today's medical service fee is 2,000 yen.

トゥデイ(ズ) メディカゥ サーヴィ(ス) フィー イ(ズ) トゥー サウザン(ド) イェン

この処方箋を薬局に提出してください。

Please take this prescription to a pharmacy.

プリー(ズ) テイッ ディ(ス) プリ(スク)リプシャン トゥ ア ファーマスィ

お大事にどうぞ。

Take care.

テイッケア

 日本語と同様に、あいさつのように使います。この他、Keep well.(キー[プ] ウェゥ)やLook after yourself.(ルッカ[フ]ター ヨアセゥ[フ])という言い方も あります。

再診の予約をいたしましょうか？
Shall I book your next session for you?

シャライ ブッキョア ネク(スト) セッシャン フォー ユー？

<table>
<tr><td colspan="3">病院の科</td><td>104</td></tr>
</table>

● 総合案内	general information	ジェナラゥ インファメイシャン
● 外来受付	outpatient reception	アウッペイシャンッ レセプシャン
● 内科	general internal medicine	ジェナラゥ インターナゥ メディスン
● 外科	surgery	サージャリー
● 整形外科	orthopedics	オーサピーディ(クス)
● 眼科	ophthalmology	オプサゥモロジー
● 耳鼻咽喉科	ENT (ears, nose, throat)	イーエンティー
● 皮膚科	dermatology	ダーマトロジー
● 呼吸器科	pulmonology	パゥマノロジー
● 循環器科	cardiology	カーディオロジー
● 消化器科	gastroenterology	ギャスチュロウエンタロロジー
● 泌尿器科	urology	ユロロジー
● 産婦人科	obstetrics and gynecology (OB/GYN)	アブステチュリ(クス) アン ガイナコロジー
● 精神科	psychiatry	サイカイアチュリー
● 小児科	pediatrics	ピディアチュリ(クス)
● 放射線科	radiology	レイディオロジー
● 歯科	dentistry	デンティスチュリー
● 入院受付	admissions office	ア(ド)ミシャン(ズ) オフィ(ス)
● 処置室	treatment room	チュリーッメンッ ルー(ム)
● 薬局	pharmacy	ファーマスィー

222

症状を教えてくださいますか？

Can you tell me your symptoms?

キャン ユー テゥ ミー ヨア スィン(プ)トム(ズ)？

この薬は風邪に効きます。

This medicine is good for a cold.

ディ(ス) メディスン イ(ズ) グッ(ド) フォー ア コウゥ(ド)

この薬の方が、お客様の症状に合っています。

This medicine is better for your symptoms.

ディ(ス) メディスン イ(ズ) ベター フォー ヨア スィンプトム(ズ)

服用している薬はありますか？

Are you taking any medication?

アー ユー テイキン エネィ メディケイシャン？

持病はありますか？

Do you have any chronic diseases?

ドゥ ユー ハァヴ エネィ クロニッ(ク) ディズィーズィ(ズ)？

こちらは妊娠中にはお使いにならないでください。

Don't use this if you are pregnant.

ドウンッ ユー(ズ) ディ(ス) イフ ユー アー プレ(グ)ナンッ

5
医療薬&病気・トラブル

223

処方箋をお持ちですか？

Do you have a prescription?

ドゥ ユー ハァヴ ア プリ(スク)リプシャン？

その薬には処方箋が必要です。

You need a prescription for that medicine.

ユー ニーダ プリ(スク)リプシャン フォー ダァッ メディスン

ただ今薬剤師がいないので、お売りできません。

I cannot sell this to you because our pharmacist is not in right now.

アイ キャノッ セゥ ディ(ス) トゥ ユー ビコー(ズ) アワ ファーマスィ(スト) イ(ズ) ノッ イン ライッ ナウ

飲み／塗り薬が3種類処方されています。

The prescription is for three types of oral / topical medication.

ダ プリ(スク)リプシャン イ(ズ) フォー スリー タイプ(ス) オヴ オラゥ／トピカゥ メディケイシャン

これは10日分です。

This is for 10 days.

ディスィ(ズ) フォー テン デイ(ズ)

1日3回食後に1錠ずつ飲んでください。

Please take one tablet three times a day after meals.

プリー(ズ) テイッ ワン タブレッ スリー タイム(ズ) ア デイ ア(フ)ター ミーゥ(ズ)

1日3回より多く服用しないでください。

Please don't take this more than three times a day.

プリー(ズ) ドウンッ テイッ ディ(ス) モア ダン スリー タイム(ズ) ア デイ

 「3回より多く服用しないで」とは、つまり「服用は3回までにしてください」ということです。

3時間以上の間隔を空けて服用してください。

Please wait at least three hours between doses.

プリー(ズ) ウェイッ アッ リー(スト) スリー アワー(ズ) ビチュウィーン ドウスィ(ズ)

何か異常な副作用を感じたら、すぐに薬を飲むのを止めてください。

If you feel any unusual side effects, stop taking the medicine at once.

イフ ユー フィーゥ エニィ アンユージュワゥ サイ(ド) イフェ(クツ)、ストッ(プ) テイキン ダ メディスン アッ ワン(ス)

眠くなることがあります。車の運転は控えてください。

You may get drowsy. Please do not drive.

ユー メイ ゲッ ヂュラウズィ。プリー(ズ) ドゥ ノッ ヂュライ(ヴ)

 drowsyとほぼ同じ意味の語にsleepy(スリーピィ)がありますが、「薬の副作用」という文脈では前者の方がよく使われます。

● せき止め薬	cough medicine	コ(フ) メディスン
● 風邪薬	cold medicine	コウゥ(ド) メディスン
● 胃薬	stomach medicine	スタマッ(ク) メディスン
● 頭痛薬	headache medicine	ヘデイ(ク) メディスン
● うがい薬	gargle	ガーグゥ
● 解熱剤	antipyretic	アンティパイレティッ(ク)
● 解毒剤	antidote	アンティドウゥ
● 消化剤	digestive	ダイジェ(ス)ティ(ヴ)
● 座薬	suppository	サポザトリィ
● 消毒薬	disinfectant	ディ(ス)インフェ(ク)タンッ
● 下剤	laxatives	ラァ(ク)サティヴ(ズ)
● 下痢止め	diarrhea medicine	ダイアリーア メディスン
● 抗生物質	antibiotic	アンティバイオティッ(ク)
● 漢方薬	Chinese medicine	チャイニー(ズ) メディスン
● 睡眠薬	sleeping pill	スリーピン ピゥ
● 鎮痛剤	painkiller, pain reliever	ペインキラー、ペイン リリーヴァー
● 精神安定剤	tranquilizer	チュラァン(ク)ワライザー
● 栄養剤	nourishment	ノーリ(シュ)メンッ
● ビタミン剤	vitamins	ヴァイタミン(ズ)
● 水薬	liquid medicine	リクウィッ(ド) メディスン
● 丸薬	pill	ピゥ
● 錠剤	tablet	タブレッ
● 粉薬	powder	パウダー
● カプセル	capsule	キャ(プ)スゥ
● トローチ	lozenge	ロゼンジ
● 湿布	medical pad	メディカゥ パァ(ド)
● 目薬	eye drop	アイ デュロッ(プ)
● 軟膏	ointment	オイン(ト)メンッ

【親に】男の子ですか、女の子ですか？

Is it a boy or a girl?

イ(ズ) イッタ ボイ オア ア ガァゥ？

【親に】お子様は何歳ですか？

How old is <u>he</u> / <u>she</u>?

ハウ オウゥ(ド) イ(ズ) <u>ヒー</u>／<u>シー</u>？

 ジェンダーニュートラルの観点から、he、sheを使わない人が英語圏で増えています。そのため、子供1人であっても、How old are they?も使えます。

【親に】お子様の特徴を教えてください。

Please tell me what your child looks like.

プリー(ズ) テゥ ミー ワッチョア チャイゥ(ド) ルッ(クス) ライ(ク)

【親に】館内放送でお呼び出しいたします。

I'll announce it over the PA.

アイゥ アナウン(ス) イッ オウヴァー ダ ピーエイ

 PAはpublic address(system)の略で施設内の「拡声装置」のことです。

5
医療薬＆病気・トラブル

227

【子に】どこから来たの？　誰と一緒に来たの？
Where do you come from? Who are you with?

ウェア ドゥ ユー カ(ム) フロ(ム)？ フー アー ユー ウィ(ズ)？

 文法的にはWho <u>were</u> you with?で間違いではありませんが、はぐれてしまっ
ていることをいたずらに意識させないよう、現在形のareを使うといいでしょう。

【子に】大丈夫だよ。
You'll be all right.

ユーゥ ビー オーゥ ライッ

【子に】一緒に事務所に行こうね。
Let's go to the office together.

レッ(ツ) ゴウ トゥ ディ オフィ(ス) トゥギャダー

放 送 例　　館内呼び出し

パターン① [108]

Staff : Paging the family of Brenda Coldwell, 3 years old. Please come to the information desk on the 1st floor.

> 職員：3歳のブレンダ・コールドウェルちゃんのご家族様。1階のインフォメーションデスクまでお越しください。

パターン② [109]

Staff : Paging Mr. Owen Wilson from Canada. Your companion is waiting. Please come to the information desk on the 1st floor.

> 職員：カナダからお越しのオーエン・ウィルソン様。お連れ様がお待ちです。1階のインフォメーションデスクまでお越しください。

パターン③ [110]

Staff : Paging the customer who just bought a blue dress in the ladies wear section on the 5th floor. Please go to the nearest cashier.

> 職員：先ほど5階の婦人服売り場で青いワンピースをお買いのお客様。お近くのレジ係員までお申し出ください。

【万引き】会計はお済ませですか？

Have you paid for that?

ハァヴ ユー ペイ(ド) フォー ダァッ？

【万引き】かばんの中を見せてください。

Please let me look inside your bag.

プリー(ズ) レッ ミー ルッ(ク) インサイジョア バァ(グ)

【万引き】警察に通報します。

We'll call the police.

ウィゥ コーゥ ダ ポリー(ス)

【盗難】大使館の電話番号をお調べします。

Let me find the phone number for the embassy.

レッミー ファインッ ダ フォウン ナンバー フォー ディ エンバスィー

【盗難】どこで盗まれたか、心当たりはありますか？

Any idea of where it was stolen?

エネィ アイディア オヴ ウェア イッ ワ(ズ) ストウルン？

【盗難】最後にそれを見たのはいつですか？

When did you see it last?

ウェン ディッジュー スィー イッ ラ(スト)？

第6章

トイレ、最寄り駅の場所もしっかり説明

道案内

のためのフレーズ

屋内・屋外において道案内を行う際
の説明表現を集めました。

真っすぐ行って左に曲がってください。
Go straight and turn left.
ゴウ スチュレイッ アン ターン レ(フト)

突き当たりを左です。
Turn left at the end.
ターン レ(フト) アッ ディ エン(ド)

右奥にあります。
It's at the far end on the right.
イッツ アッ ダ ファー エンド オン ダ ライッ

 at the endが「突き当たり」そのものを指すのに対して、at the far endは「奥の方、向こうの方」というニュアンスになります。

出口を出て右手に見えます。
Go through the exit and you'll see it on your right.
ゴウ スルー ディ エ(グ)ズィッ アン ユーゥ スィー イッ オン ヨア ライッ

階段を上った先です。
It's up the stairs.
イッツ ア(プ) ダ ステアー(ズ)

 「階段を下りた先です」ならIt's down the stairs.(イッ[ツ] ダウン ダ ステアー[ズ])となります。

232

よろしければご案内します。
I'll show you if you like.
アイゥ ショウ ユー イフ ユー ライ(ク)

 シチュエーションによって「実際にお連れして案内する」「マップなどを示して説明する」のどちらの意味にもなり得ます。

ペット用品売り場は8階にございます。
The pet product department is on the 8th floor.
ダ ペッ プロダ(クト) デパーッメンティズ オン ディ エイ(ス) フロア

エレベーター／エスカレーターをご利用ください。
Please take the elevator / escalator.
プリー(ズ) テイッ ダ エレヴェイター／エ(ス)カレイター

あそこの表示に従ってください。
Please follow those signs.
プリー(ズ) フォロウ ドゥ(ズ) サイン(ズ)

フロアマップでご案内しましょう。
I'll show you with the floor map.
アイゥ ショウ ユー ウィ(ズ) ダ フロア マァ(プ)

道なりに進んでください。
Please follow the path.
プリー(ズ) フォロウ ダ パァ(ス)

 pathの代わりにroad(ロウド)と言っても構いません。

2つ目の交差点を左に曲がってください。
Turn left at the 2nd intersection.
ターン レ(フト) アッ ダ セカン(ド) インターセ(ク)シャン

ABC通りを右に曲がってください。
Turn right at ABC Street.
ターン ライッ アッ エイビースィー スチュリーッ

図書館を過ぎて右手にあります。
It's past the library on the right-hand side.
イッ(ツ) パ(スト) ダ ライ(ブ)ラリ オン ダ ライッハン(ド) サイ(ド)

 「右手に」は、on the right だけでも表せますが、このようにon the right-hand sideと言うこともできます。両方とも同じ意味です。

その信号を渡ったすぐ先にあります。
It's right there after you cross the light.
イッ(ツ) ライッ デア ア(フ)ター ユー クロ(ス) ダ ライッ

梅田デラックスというビルの5階です。

It's on the 5th floor of a building called Umeda Deluxe.

イッツ オン ダ フィ(フス) フロア オヴ ア ビゥディン コーゥ(ド) ウメダ ディラ(クス)

郵便局の隣にあります。

It's beside the post office.

イッ(ツ) ビサイッダ ポウ(スト) オフィ(ス)

 across from ～(アクロー[ス] フロ[ム]／～の向かいに)、diagonally across from ～(ダイアグナリー アクロー[ス] フロ[ム]／～の斜め向かいに)、in front of ～(イン フランタ[ヴ]／～の前に)、behind ～(ビハイン[ド]／～の後ろに)、near ～(ニアー／～の近くに)なども覚えておきましょう。

この建物です。

This is the building.

ディスィ(ズ) ダ ビゥディン

店名のある大きな赤い看板が目印です。

Look for the large red billboard with the store name on it.

ルッ(ク) フォー ダ ラー(ジ) レッ(ド) ビゥボー(ド) ウィ(ズ) ダ ストアー ネイ(ム) オネッ

 英文の直訳は「店名のある大きな赤い看板を探してください」。目印に当たる英語はlandmarkですが、日本語と違ってThe landmark is ... とは言いません。

この地下道は駅につながっています。

This underground path is connected to the station.

ディ(ス) アンダーグラウン(ド) パァ(ス) イ(ズ) コネ(ク)ティッ トゥ ダ ステイシャン

京王線の新宿行きに乗って3駅です。

It's three stations away on the Keio Line bound for Shinjuku.

イッ(ツ) スリー ステイシャン(ズ) アウェイ オン ダ ケイオウ ライン バウン(ド) フォー シンジュク

「次の駅です」であれば、It's one station away（イッ[ツ] ワン ステイシャン アウェイ）です。

JR京都駅南口から歩いて10分です。

It's a 10-minute walk from the south exit of JR Kyoto Station.

イッツ ア テン ミナッ ウォー(ク) フロ(ム) ダ サウ(ス) エ(グ)ズィッ オ(ヴ) ジェイアー キョウト ステイシャン

北はnorth（ノー[ス]）、東はeast（イー[スト]）、西はwest（ウェ[スト]）です。また、ここで「歩いて」ではなく「車で」なら、walkをdrive（ヂュライヴ）に変えてください。

タクシーだと15分ですが、地下鉄の方が速いですよ。

It's 15 minutes by taxi, but the subway is faster.

イッ(ツ) フィ(フ)ティーン ミナッ(ツ) バイ タァ(ク)スィー、バッ ダ サブウェイ イ(ズ) ファ(ス)ター

地図を描きましょうか？

Shall I draw a map for you?

シャライ ヂュロー ア マァ(プ) フォー ユー？

スマートフォンで調べますね。

I'll check it on my smartphone.

アイゥ チェキッ オン マイ スマーッフォウン

一緒に行ってあげましょうか？

Shall I come with you?

シャライ カ(ム) ウィズ ユー？

私もそちらの方面に向かっているところなんです。

I'm going that way, too.

アイ(ム) ゴウイン ダァッ ウェイ、トゥー

お気を付けて。

Good luck.

グッラッ(ク)

この辺りにあるというのは確かですか？

Are you sure it's near here?

アー ユー シュア イッ(ツ) ニア ヒア？

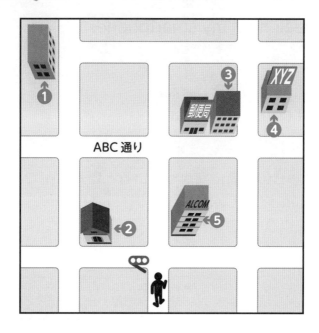

ABC 通り

1 に行く　114

Go straight. Turn left at the end of the road, and you'll see it in front of you.

真っすぐ進んでください。突き当たりを左に曲がると正面に見えます。

2 に行く　115

Turn left at the 1st light. Keep walking, and you'll see it on your right-hand side.

1つ目の信号を左に曲がってください。しばらく歩くと右手に見えます。

Turn right at ABC Street. It's beside the post office.

ABC通りを右に曲がってください。郵便局のそばにあります。

Turn right at the 1st intersection, and then turn left at the next one. Keep walking, and look for a large billboard with "XYZ" on it on your right.

1つ目の交差点を右に曲がって、その次を左に曲がってください。しばらく歩いて、右手にある「XYZ」という大きな看板が目印です。

It's on the 3rd floor of a building called "ALCOM."
It's right there after you cross the light.

アルコムという建物の3階です。その信号を渡ったすぐ先にあります。

第 7 章

日々変化する現場に対応

プラスアルファ

のフレーズ

デジタル化や感染症・衛生対策など、
時代に合わせて変化する接客の様々
なシーンで使える表現を集めました。

サーマルカメラに近付いていただけますか？

Can you walk toward the thermal camera?

キャニュー ウォー(ク) トゥオー(ド) ダ サーマゥ キャメラ

 体温を検知できるのがthermal cameraです。

前の人との間隔をあけてお並びください。

Please keep a distance from the person in front of you.

プリー(ズ) キーパ ディ(ス)タン(ス) フロ(ム) ダ パースン イン フランタヴ ユー

検温させていただけますか？

May I take your temperature?

メイ アイ テイキョア テンプラチュア？

入店前に消毒にご協力をお願いします。

Please use the hand sanitizer before entering the shop.

プリー(ズ) ユー(ズ) ダ ハン(ド) サネタイザー ビフォー エンタリン ダ ショ(プ)

ご協力ありがとうございます。

Thank you for your cooperation.

サンキュー フォー ヨア コァパレイション

マスクはお持ちですか？

Do you have a mask?

ドゥ ユー ハァヴ ア マァ(スク)？

 「マスク」はa face mask（ア フェイ[ス] マァ[スク]）とも言えます。

マスクの着用をお願いできますか。

Can I ask you to wear a mask?

キャナイ ア(ス)キュー トゥ ウェアー ア マァ(スク)？

大声での会話はお控えください。

Please refrain from talking in a loud voice.

プリー(ズ) リ(フ)レイン フロ(ム) トーキン インナ ラウ(ド) ヴォイ(ス)

すみません、マスクをしていただけますか？

Excuse me, but would you mind wearing a mask?

エ(クス)キュー(ズ) ミー、バッ ウッジュー マインッ ウェアリン ア マァ(スク)？

 マスクをしていない方を見かけた時の声かけです。マスクを嫌う海外からの
お客様もいるため、最大限丁寧な表現を使うと良いでしょう。

飲食店での案内

少しお待ちください。テーブルを清掃・消毒します。

Just a moment, please. I'll clean and sanitize the table for you.

ジャ(ス)タ モウメンツ、プリー(ズ)。アイゥ クリーナン サニタイッ ダ テイブゥ フォー ユー

ご予約いただいていたお客様からお呼びいたします。

We prioritize customers who made a reservation.

ウィ プライオリタイ(ズ) カスタマー(ズ) フー メイダ レザヴェイシャン

同じテーブルにお座りいただけるのは4名様までです。

Each table can seat a maximum of 4 people.

イー(チ) テイブゥ キャン スィーッ ア マァキスィマ(ム) オ(ヴ) フォー ピープゥ

お客様は6名ですので、3名ずつに分かれていただけますか？

Since there are 6 people, may I ask you to split into groups of 3 and 3?

スィン(ス) デア アー スィ(クス) ピープゥ、メイ アイ アスキュー トゥ スプリッ イントゥ グルー(プス) オ(ヴ) スリー アン スリー？

15時ごろがオフピークの時間で一番すいています。

Around 3:00 p.m. is the off-peak time, when we are the least crowded.

アラウン(ド) スリー ピーエ(ム) イ(ズ) ディ オ(フ) ピーク タイ(ム)、ウェン ウィ アー ダ リー(スト)
クラウディッ(ド)

料理をお取りの際は使い捨て手袋をご使用ください。

Please use the disposable gloves when serving food for yourself.

プリー(ズ) ユー(ズ) ダ ディ(ス)ポウザブゥ グラ(ヴズ) ウェン サーヴィン フー(ド) フォー ヨアセゥ(フ)

ご注文は、こちらのQRコードをスキャンしてスマートフォンからお願いいたします。

To order, please scan this QR code from your smartphone.

トゥ オーダー、プリー(ズ) スキャン ディ(ス) キューアーゥ コゥ(ド) フロ(ム) ヨア スマーッフォウン

デリバリーもやっていますので、よろしければご利用ください。

We also do delivery and hope you use that service, too.

ウィ オーゥソウ ドゥ ディリヴァリ アン ホウ(プ) ユー ユー(ズ) ダアッ サーヴィ(ス)、トゥー

こちらがデリバリーメニューです。

Here is the delivery menu.

ヒア リ(ズ) ダ デリヴァリ メニュー

ここに書いてあるメニューは、テイクアウトでもデリバリーでもご注文いただけます。

The menu items listed here can be ordered for takeout or delivery.

ダ メニュー アイテム(ズ) リスティッ ヒア キャン ビー オーダー(ド) フォー テイカウッ オア
デリヴァリ

テスターは提供しておりません。

Testers are not provided.

テスター(ズ) アー ノッ プロヴァイディッ(ド)

 「化粧品のテスター」と言いたい場合は、testersの後にfor cosmetics（フォー コズメディック[ス]）を付けましょう。

商品をお試しになりたい時は、お気軽にお声がけください。

If you would like to try our products, please feel free to ask us.

イフ ユー ウッ(ド) ライッ トゥ チュライ アワ プロダ(クツ)、プリー(ズ) フィーゥ フリー トゥ ア(ス)カ(ス)

自動精算機でのチェックインをお願いいたします。

Please check in at the automatic payment machine.

プリー(ズ) チェッキン アッダ オットマティッ ペイメンッ マシーン

 自動精算機は「セルフチェックイン機」「自動チェックイン機」といった呼び名もありますが、automatic payment machineと言えば伝わるでしょう。

自動精算機はあちらにございます。

The automatic payment machine is over there.

ディ オットマティッ ペイメンッ マシーン イ(ズ) オウヴァー デア

こちらの用紙にご記入をお願いします。

Please fill out this form.

プリー(ズ) フィラウッ ディ(ス) フォー(ム)

お部屋に内線電話はございません。

There is no extension phone in the room.

デア リ(ズ) ノウ エ(クス)テンション フォウン イン ダ ルー(ム)

フロントにご用の際は、お部屋にあるQRコードをスマートフォンで読み込んでご連絡ください。

If you need to contact the front desk, please use your smartphone to scan the QR code in your room.

イフ ユー ニー(ド) トゥ コンタ(クト) ダ フランッ デ(スク)、プリー(ズ) ユージョア スマーッフォウン トゥ スキャン ダ キューアーゥ コゥ(ド) イニョア ルー(ム)

こちらは一時的に閉鎖しております。

It is closed for now.

イッティィ(ズ) クロウ(ズド) フォー ナウ

ホテル内では、すべてのお客様にマスクの着用をお願いしております。

All guests are required to wear a mask in our hotel.

オーゥ ゲ(スツ) アー リクワイアー(ド) トゥ ウェアー ア マ(スク) イン アワ ホテゥ

消毒液は各階のエレベーター前に設置しています。

Sanitizer is available in front of the elevators on each floor.

サネタイザァ イ(ズ) アヴェイラブゥ イン フランタ(ヴ) ダ エレヴェイター(ズ) オン イー(チ) フロア

市販の薬はフロントにご用意がございます。

Over-the-counter drugs are available at the front desk.

オウヴァー ダ カウンター ドゥラア(グズ) アー アヴェイラブゥ アッダ フランッ デ(スク)

体調がすぐれない場合はお知らせください。最寄りの病院をご紹介することもできます。

If you have concerns about your health, we can refer you to the nearest clinic.

イフ ユー ハァ(ヴ) コンサーン(ズ) アバウチュア ヘゥス、ウィ キャン リファー ユー トゥ ダ ニアレ(スト) クリニッ(ク)

レストランのご利用をお考えの場合は、予約をおすすめいたします。

If you are planning on using the restaurant, we recommend that you make a reservation.

イフ ユー アー プランニンゴン ユーズィン ダ レスチュラン、ウィ レコメンッ ダァッ ユー メイカ レザヴェイシャン

朝食ビュッフェは休止しており、代わりに和定食もしくは洋定食をお出ししております。

We have closed the breakfast buffet for the time being. Instead, we now offer Japanese or Western set menus.

ウィ ハァ(ヴ) クロウ(ズド) ダ ブレ(ク)ファー(スト) バフェッ フォーダ タイ(ム) ビーイン(グ)。インステッ(ド)、ウィ ナウ オファー ジャパニー(ズ) オア ウェスタン セッ メニュー(ズ)

朝食ビュッフェは営業しておりますが、ご希望の場合はお部屋にお持ち帰りいただけます。

The breakfast buffet is open. But if you prefer, you can take your breakfast to your room.

ダ ブレ(ク)ファー(スト) バフェッ イ(ズ) オウプン。バッ イフ ユー プリファー、ユー キャン テイキョア ブレッファ(スト) トゥ ヨア ルーム

テイクアウトBOXをお渡ししますので、お好きな料理をご自身で詰めていただけます。

You will receive a take-out box so you can fill it with your favorite dishes yourself.

ユー ウィゥ リスィーヴァ テイカウッ ボッ(クス) ソウ ユー キャン フィリッ ウィズ ヨア フェイヴリッ ディッシィ(ズ) ヨアセゥ(フ)

宿泊施設での案内
（チェックアウト）

124

ご宿泊いただきありがとうございました。ルームキーはこの箱にお入れください。

Thank you for your stay. Please return your room key to this box.

サンキュー フォー ヨア スティ。プリー(ズ) リターン ヨア ルー(ム) キー トゥ ディ(ス) ボッ(クス)

あちらの自動精算機でチェックアウトしていただけます。ルームキーを差し込んでください。

You can check out using the automatic payment machine over there. Please insert your room key.

ユー キャン チェク アウッ ユーズィン ダ オットマティッ ペイメンッ マシーン オウヴァー デア。
プリー(ズ) インサーッ ヨア ルー(ム) キー

精算はございませんので、チェックアウト完了です。ご利用ありがとうございました。

There are no additional charges and your checkout is complete. Thank you for your stay.

デア アー ノー アナディシャナゥ チャージィ(ズ) アン ヨア チェク アウッ イ(ズ) コンプリー(ト)。
サンキュー フォー ヨア スティ

7
プラスアルファ

オンラインで事前予約された方のみ入場いただけます。

We are only admitting those who have an online pre-booking.

ウィ アー オウンリー ア(ド)ミティン(グ) ドゥ(ズ) フー ハァヴァノンライン プリブッキン

現在、入場者数を制限しております。

We are limiting the number of customers now.

ウィ アー リミティン ダ ナンバー オ(ヴ) カスタマー(ズ) ナウ

前売りの時間指定チケットをお持ちの方のみ入場いただけます。

Only holders of purchased tickets for a specific time period will be admitted.

オウンリー ホウルダーゾ(ヴ) パーチャ(スト) ティケッ(ツ) フォー ア スペスィフィッ タイ(ム) ピリオッ
ウィゥ ビー アドミティッ(ド)

メールにあるURLをタップし、QRコードを入場ゲートでスキャンしてください。

Please tap the URL in the e-mail, and scan the QR code at the entrance gate.

プリー(ズ) タッ(プ) ダ ユーアーゥエゥ イン ダ イーメイゥ、アン スキャン ダ キューアーゥ コゥ(ド)
アッダ エンチュラン(ス) ゲイ(ト)

 入場ゲートを「受付機」と言い換えたい場合は、at the reception machine
(アッダ レセプシャン マシーン) となります。

このQRコードをスマートフォンでスキャンすると、音声ガイドを無料でお聞きいただけます。

You can scan this QR code with your smartphone and listen to an audio tour for free.

ユー キャン スキャン ディ(ス) キューアーゥ コゥ(ド) ウィズ ヨア スマーッフォウン アン リッスン トゥ
アノーディオウ トゥアー フォー フリー

上演中、大声での会話はご遠慮ください。

Please refrain from speaking in a loud voice during the performance.

プリー(ズ) リ(フ)レイン フロ(ム) スピーキン インナ ラウ(ド) ヴォイ(ス) デュアリンッ ダ
パフォァマン(ス)

プラスアルファ 7

ただいま店内への入場制限を実施しております。

We are currently limiting the number of customers allowed inside the shop.

ウィ アー カランッリー リミティン ダ ナンバー オ(ヴ) カスタマー(ズ) アロウ(ド) インサイダ ショ(プ)

 状況に応じて、shopをrestaurant（レスチュラン）、facility（ファスィリティ）などに置き換え可能です。

英・中・韓　完全対応

すぐに使える
貼り紙・POP例文集

店舗・施設のドアや室内、看板など
への掲示に使える便利な表現をまと
めました。
英語はもちろん、中国語と韓国語の
訳も記載しています。

使い方

日本語の見出しに対応する表現が、上から英語、中国語（簡体字・繁体字）、韓国語で記載されています。

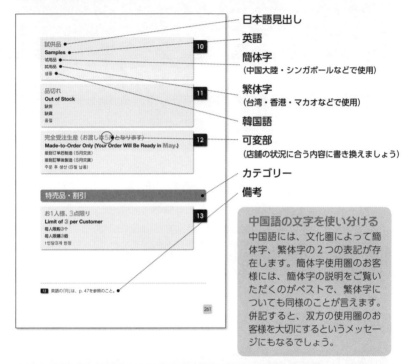

日本語見出し

英語

簡体字
（中国大陸・シンガポールなどで使用）

繁体字
（台湾・香港・マカオなどで使用）

韓国語

可変部
（店舗の状況に合う内容に書き換えましょう）

カテゴリー

備考

中国語の文字を使い分ける

中国語には、文化圏によって簡体字、繁体字の2つの表記が存在します。簡体字使用圏のお客様には、簡体字の説明をご覧いただくのがベストで、繁体字についても同様のことが言えます。併記すると、双方の使用圏のお客様を大切にするというメッセージにもなるでしょう。

ダウンロード特典のご案内

下記2点を無料でダウンロードいただけます。
① 例文のテキストを記載したWordファイル、PDFファイル
② A4サイズで印刷してそのまま貼って使えるPDFファイル（例文の中から10個をピックアップしています）

特典の入手方法は下記ウェブサイトをご覧ください。

アルクダウンロードセンター
https://portal-dlc.alc.co.jp/

※本サービスの内容は、予告なく変更する場合がございます。あらかじめご了承ください。

順番待ち

ここからの待ち時間：90分
Waiting Time at This Point: 90 Minutes
此处预计等候时间：90分钟
此處預計等候時間：90分鐘
대기시간：90분

1

こちらにお並びください
Please Line Up Here.
请在此排队
請在此排隊
이쪽으로 줄을 서 주십시오

2

先頭
Start of Line
队首
隊頭
맨 앞

3

最後尾
End of Line
队尾
隊尾
맨 뒤

4

順番にご案内します
Please Wait in Line to Be Served.
按顺序引领客人
按順序引領客人
순서대로 안내해 드리겠습니다

5

予約不要
Advance Reservations Not Required
无需预约
無需預約
예약 불필요

6

完売御礼
Sold Out
已售完
已售完
완판

7

在庫

現品限り
On-Shelf Stock Only
仅限现货销售
僅限現貨銷售
진열품 외 재고 없음

8

展示品
Display Model
展示品
展示品
전시품

9

試供品
Samples
试用品
試用品
샘플

10

品切れ
Out of Stock
缺货
缺貨
품절

11

完全受注生産（お渡しは5月となります）
Made-to-Order Only (Your Order Will Be Ready in May.)
接到订单后制造（5月交货）
接到訂單後製造（5月交貨）
주문 후 생산（5월 납품）

12

特売品・割引

お1人様、3点限り
Limit of 3 per Customer
每人限购3个
每人限購3個
1인당 3개 한정

13

12　英語の「月」は、p. 47を参照のこと。

本日限り
Today Only
仅限今日
只限今日
금일 한정

14

1家族様、2個までです
Limit of **2** per Household
每个家庭限购**2**个
每個家庭限購**2**個
한 가족당 **2**개 한정

15

ランチ限定
Lunch Time Only
仅限午餐
只限午餐
점심 한정

16

期間限定商品
Limited-Time Product
限期销售的商品
限期銷售的商品
기간 한정 상품

17

訳あり大特価
Discounted "As Is" Item
大特价（有瑕疵）
大特價（有瑕疵）
묻지마 특가

18

---

18 「訳あり」という表現は、日本語ならでは。外国語で強いて書くなら、中国語では「傷あり」を意味する（有瑕疵）で補足する。韓国語では「（安い理由を）聞かないで特価」となる。

売り切れ御免

Limited Stock

售完为止

售完為止

매진 시 판매 종료

19

全品10%オフ

All Items 10% Off

所有商品打9折

所有商品打9折

전 품목 10% 할인

20

1つ買ったら1個差し上げます

Buy 1, Get 1 Free

买一送一

買一送一

1개 구입 시 1개 무료 증정 (1＋1)

21

水曜日は2割引

20% Off on Wednesdays

周三打8折

週三打8折

수요일은 20% 할인

22

---

20 中国語では、「10%オフ」は「0.9掛けの割引価格」とした表記になる。20%オフなら、9の部分を8に変える。

22 英語の曜日についてはp. 48を参照。この場合は、曜日の語末に複数形のsを付けること。中国語、韓国語の場合は、今「三」「수」となっている部分をそれぞれ「一／월 (月)」「二／화 (火)」「三／수 (水)」「四／목 (木)」「五／금 (金)」「六／토 (土)」「日／일 (日)」に変える。

今付いているお値段より10%引き

10% Off the Price Tag

按标价打9折出售

按標價打9折販售

표시 가격에서 10% 할인

23

お買い得商品

Great Buy

优惠商品

優惠商品

특가 상품

24

おすすめ

新商品

New Item

新商品

新商品

신상품

25

旬の商品

Seasonal Item

季节商品

季節商品

계절 상품

26

流行の商品

Trendy Item

流行商品

流行商品

히트 상품

27

最安値保証

Lowest Price Guaranteed

保证最低价格

保證最低價格

최저가 보장

28

テレビで取り上げられました

As Seen on TV

电视节目中介绍过的商品

電視節目中介紹過的商品

TV 소개

29

本日のおすすめ

Today's Choice

今日推荐

今日推薦

오늘의 추천

30

当店のおすすめ

Our Choice

本店推荐

本店推薦

매장 추천

31

店長のおすすめ
Manager's Choice
店长推荐
店長推薦
점장 추천

32

今売れています
Hot Seller
热卖中
熱賣中
절찬리 판매 중

33

禁止事項

おたばこはご遠慮ください
No Smoking
请勿吸烟
請勿吸煙
금연

34

携帯電話の使用はご遠慮ください
No Smartphones
请勿使用手机
請勿使用手機
휴대전화 사용 금지

35

ペットの同伴はご遠慮ください

No Accompanying Pets

请勿携带宠物入店铺

請勿攜帶寵物入店鋪

예완동물 동반 금지

36

飲食はご遠慮ください

No Eating or Drinking

请勿饮食

請勿飲食

음식물 섭취 금지

37

飲食物の持ち込みはご遠慮ください

No Food or Drink inside the Store

请勿携带食物及饮料入内

請勿攜帶食物及飲料入內

음식물 반입 금지

38

注文しないお客様の入店はお断りいたします

Customers Only

谢绝非用餐客人入内

謝絕非用餐客人入內

주문하지 않는 손님은 사절합니다

39

....

36 なお「乳幼児の同伴はNG」という趣旨の貼り紙は、中華圏では乳幼児の入店を制限する
ようなケースがほとんどないため、極めて非常識と受け止められる可能性がある。

試着はご遠慮ください
Please Do Not Try on the Items
请勿试穿
請勿試穿
착용 불가

40

店内では写真撮影をお断りしています
No Photographs inside the Store
店内禁止拍照
店內禁止拍照
매장 내 사진 촬영 금지

41

フラッシュ撮影、三脚使用はご遠慮ください
No Flash or Tripod
请勿使用闪光灯及三脚架
請勿使用閃光燈及三腳架
플래시 및 삼각대 사용 금지

42

関係者以外立ち入り禁止
Staff Only
非工作人员禁止入内
非工作人員禁止進入
관계자 외 출입 금지

43

土足禁止
No Shoes
请勿穿鞋入内
請勿穿鞋入內
신발을 벗어 주세요

44

45

未成年者およびお車を運転されるお客様へのアルコール類のご提供は、差し控えさせていただいております

We do not serve alcohol to minors or customers who are driving.

本店不向未成年人及司机提供酒类饮料

本店不向未成年人及司機提供酒類飲料

미성년자 및 차량 운전자에게는 주류를 제공하지 않습니다

46

大声で騒いだり、暴れたりなどの行為は、他のお客様のご迷惑になりますのでご遠慮ください

Please refrain from noise or unruly behavior that will disturb other customers.

请勿大声喧哗及嬉闹，以免打扰其他顾客

請勿大聲喧嘩及嬉鬧，以免打擾其他顧客

고성방가, 난폭한 행동 등은 다른 손님들에게 피해가 되므로 삼가 주십시오

47

当施設に関係ない方の通り抜け・立ち入りを禁止します

No Entry for People Unrelated to This Facility

禁止无关人员进入或穿行

禁止無關人員進入或穿行

시설 관계자 외 통행 및 출입 금지

48

1階では浴衣、スリッパの着用をお断りしています

No *Yukata* or Slippers on the 1st floor

请勿穿浴衣或拖鞋到1楼

請勿穿浴衣或拖鞋到1樓

1층에서는 유카타 및 슬리퍼 착용을 금합니다

立ち読みはしないでください

No Browsing

请勿（长时间）翻阅

請勿（長時間）翻閱

책은 구입 후에 읽어 주십시오

49

試着室へカゴごとのお持ち込みは遠慮させていただいております

Baskets are not permitted inside the changing rooms.

请勿将购物篮带进试衣间

請勿將購物籃帶入試衣間

피팅룸에 바구니째 들고 가지 마십시오

50

お手を触れないでください

Do not touch.

请勿触摸

請勿觸摸

만지지 마십시오

51

室内の備品は持ち帰らないでください

Do not take any equipment from this room.

请勿带走室内物品

請勿帶走室內物品

실내 비품을 가져가지 마십시오

52

会計

お会計は近くの係員にお申し付けください
Please notify staff to make your payment.
付款时请叫附近的服务员
付款時請叫附近的工作人員
계산하실 분은 근처 직원에게 말씀해 주십시오

53

薬は専用レジにて会計をお願いします
Please pay for medicine at the designated cash register.
购买药品请到专用收银台付款
購買藥品請到專用櫃臺付款
약은 전용 카운터에서 계산해 주십시오

54

お支払いは現金のみになります
Cash Only
只收现金
只收現金
현금 결제만 가능

55

両替できません（外国為替）
We do not exchange foreign currency.
不兑换外币
不兑換外幣
외화 환전 불가

56

両替できません（お札を小銭に）
We do not give change without a purchase.
本店不换零钱
本店不換零錢
동전 교환 불가

57

ただ今1,000円札が不足しております。ご協力をお願いいたします

We have a shortage of 1,000 yen bills. Please give the exact amount when possible.

目前1000日元纸币短缺，谢谢您的合作

目前1000日圓紙幣短缺，謝謝您的合作

1,000엔짜리 지폐가 부족하오니 협조 부탁드립니다

58

チップは不要です

No Tipping – Thank You

不收小费

不收小費

팁은 필요하지 않습니다

59

お会計はお席にてお願いいたします

Please pay at your seat.

请在座位上结账

請在座位上結賬

계산은 앉은 자리에서 해 주십시오

60

主要クレジットカードがご利用可能です

All Major Credit Cards Accepted

可使用国际通用的信用卡

可使用國際通用的信用卡

주요 신용카드만 사용이 가능합니다

61

キャンセル不可

No Cancelations

不可取消

不可取消

취소 불가

62

払い戻し不可

63

No Refunds

恕不退款

恕不退款

환불 불가

セルフ・ご自由に

当店はセルフサービスです

64

Please serve yourself.

本店是自助服务

本店採用自助式

매장 내 셀프 서비스

ご注文口

65

Orders

点餐窗口

點餐窗口

주문하는 곳

お受け取り口

66

Pickup

取餐窗口

取餐窗口

나오는 곳

食器返却口

67

Dishes

餐具回收口

餐具回收口

식기 반납하는 곳

お会計口
Payment
收银台
櫃臺
계산하는 곳

68

お代わり自由
Free Refills
免费续加
免費續加
리필 가능

69

ご自由にお取りください
Take One Free
请自由取用
請自由取用
필요하신 분은 가져가세요

70

---

69 中国語(簡体字／繁体字)は、"米饭／米飯"(ご飯)、"汤／湯"(スープ)、"饮料／飲料"(飲み物)などを前に付け加えて使うことが可能。

日時・スケジュール

営業時間
午前8時30分～午後9時（月～金）
午前9時～午後8時（土日祝日）

Business Hours
8:30 a.m. — 9 p.m. **(Mon. – Fri.)**
9 a.m. — 8 p.m. **(Sat., Sun., Holidays)**

营业时间
08:30－21:00（周一至周五）
09:00－20:00（节假日）

營業時間
08:30－21:00（週一至週五）
09:00－20:00（節假日）

영업시간
오전 **8**시 **30**분~오후 **9**시 (월~금)
오전 **9**시~오후 **8**시 (주말/공휴일)

71

休業日のご案内
1月**1**日（月）、**2**日（火）、**5**日（金）～**7**日（日）

We Will Be Closed on:
Jan. 1 (Mon.); Jan. 2 (Tue.); Jan. 5 (Fri.) – Jan. 7 (Sun.)

放假日期如下
1月**1**日（周一）、**2**日（周二）及**5**日（周五）－**7**日（周日）

放假日期如下
1月**1**日（週一）、**2**日（週二）及**5**日（週五）－**7**日（週日）

휴무일 안내
1월 **1**일 (월)、**2**일 (화)、**5**일 (금)~**7**일 (일)

72

---

71 英語では通常、24時間表記を用いない。「午前、午後」は、英／簡・繁／韓の順に「a.m. 、p.m.／上午、下午／오전、오후」で表す。「時、分」は簡／繁／韓の順に「点、分／點、分／시、분」。

72 英語の月・曜日の略称についてはp. 47-48を参照。中国語、韓国語の曜日の書き方はp. 263。

営業中
Open
营业中
營業中
영업 중

73

本日の営業は終了しました
We are closed for today.
今日营业已结束
今日營業已結束
금일 영업 종료

74

定休日
Regular Holiday
公休日
公休日
정기 휴일

75

臨時休業
Temporarily Closed
暂停营业
暫停營業
임시 휴업

76

準備中
Preparation in Progress
准备中
準備中
준비 중

77

本日貸し切り

All Seats Reserved Today

今日包场

今日包場

금일 대관 예약 있음

午前11時から午後2時まで全席禁煙です

No Smoking at Any Table from 11 a.m. to 2 p.m.

上午11点－下午2点禁止吸烟

上午11點－下午2點禁止吸煙

오전 11시부터 오후 2시까지 전 좌석 금연

79

雨天中止

Canceled in Bad Weather

雨天中止

雨天中止

우천 시 중지

80

定期点検のご案内
1月1日（月）午後3時〜午後5時

Periodic Inspection:
Jan. 1 (Mon.), 3 p.m. — 5 p.m.

定期检查通知
1月1日（周一）：下午3点－5点

定期檢查通知
1月1日（週一）：下午3點－5點

정기점검 안내
1월 1일（월）오후 3시~오후 5시

81

---

79 **81** 時刻表記の要領はp. 275も参照のこと。

トイレ

ご使用の際は従業員に一言お声掛けください

Please notify staff before using.

如要使用请告知工作人员

如要使用請告知工作人員

사용하실 분은 직원을 불러 주십시오

トイレはありません

No Restrooms

没有洗手间

沒有洗手間

화장실 없음

節水にご協力ください

Please help us conserve water.

请节约用水

請節約用水

물 절약

故障中

Out of Order

维修中

維修中

고장

清掃中

Cleaning in Progress

清扫中

清潔中

청소 중

2階のトイレをご利用ください

Please use the restrooms on the 2nd floor.

请使用2楼的洗手间

請使用2樓的洗手間

2층 화장실을 이용해 주십시오

87

トイレットペーパーは持ち出さないでください

Please do not remove the toilet paper.

请勿将卫生纸带走

請勿將衛生紙帶走

화장지를 가져가지 마십시오

88

お手洗いだけのご利用は固くお断りします

No Public Restrooms Here

洗手间不外借

洗手間不外借

화장실만 이용하는 손님은 사절합니다

89

いつもトイレをきれいに使っていただき誠にありがとうございます

Thank you for keeping our restrooms clean.

感谢您保持卫生间清洁

感謝您保持衛生間清潔

항상 화장실을 깨끗하게 이용해 주셔서 감사합니다

90

トイレットペーパー以外のものを流さないでください

Please flush toilet paper only.

请勿将卫生纸以外的物品扔进马桶

請勿將衛生紙以外的物品扔進馬桶

변기에 화장지 외 다른 것을 버리지 마십시오

91

279

使用済みトイレットペーパーは便器に流してください **92**

Please dispose of toilet paper in the toilet.

卫生纸使用后请直接扔进马桶冲掉

衛生紙使用後請直接丟進馬桶沖掉

사용한 화장지는 변기 안에 버려 주십시오

防犯

防犯カメラ作動中 **93**

Surveillance Cameras in Operation

此处有监控摄像机

錄影監視中

CCTV 작동 중

万引きは警察に通報いたします **94**

Shoplifters will be reported to police.

发现行窃马上报警

發現偷竊馬上報警

절도 적발 시 경찰에 신고합니다

巡回中 **95**

Patrol in Progress

保安员在巡逻

保安員在巡邏

순찰 중

店舗のサービス

免税品取り扱っています　　　　　　　　　　96

We sell tax-free items.

本店有免税商品
本店販售免税商品
면세품을 취급하고 있습니다

英語、中国語、韓国語可　　　　　　　　　97

English, Chinese and Korean Service Available

可使用英文、中文和韩文
可使用英文、中文和韓文
영어, 중국어, 한국어 가능

無料Wi-Fi接続あり　　　　　　　　　　　98

Free Wi-Fi

本店提供免费Wi-Fi
本店提供免費Wi-Fi
무료 Wi-Fi 이용 가능

お客様専用駐車場　　　　　　　　　　　99

Customer-Only Parking

顾客专用停车场
顧客專用停車場
고객 전용 주차장

午後3時までのご注文で即日配送いたします　100

Same-Day Shipping for Orders Placed by 3 p.m.

下午3点前下单，当天送货
下午3點前訂購，當天即到貨
오후 3시 주문분까지 당일 배송해 드립니다

他店の方が1円でも安い場合はお申し付けください **101**

Please let us know if other stores have a better price.

如有比我们更便宜的店家，请告诉我们

如有比我們更便宜的店家，請告訴我們

다른 매장의 가격이 1엔이라도 저렴한 경우에는 말씀해 주십시오

海外への配送を承ります **102**

International Delivery Available

承接国际配送业务

承接國際配送業務

해외 배송 가능

海外への配送はできかねます **103**

No International Delivery

不承接国际配送业务

不承接國際配送業務

해외 배송 불가

お持ち帰りできます **104**

Takeout Available

可外带

可外帶

테이크아웃 가능

宴会予約承ります **105**

Party Reservations Accepted

接受宴会预约

提供宴會預約

단체 예약 가능

最初の**2**時間無料（以降1時間ごと**300**円）

Free for First 2 Hours (300 Yen per Hour Thereafter)

2小时免费（超出后每1小时加收**300**日元）

2小時免費（超出後每1小時加收**300**日圓）

첫 **2**시간 무료 (이후 1시간당 **300**엔)

106

1,000円以上のご利用で駐車料金**2**時間無料

2 Hours Free Parking with Purchases of 1,000 Yen or More

消费**1000**日元以上可免费停车**2**小时

消費**1000**日圓以上可享**2**小時免費停車

1,000엔 이상 결제 시 주차요금 **2**시간 무료

細やかな配慮

豚肉を含んでいない食べ物です

This food does not contain pork.

不含**猪肉**的食物

不含**猪肉**的食物

돼지고기를 사용하지 않은 음식입니다

グルテンを含む食べ物です

This food contains gluten.

含有**麸质**的食物

含有**麩質**的食物

글루텐이 포함된 음식입니다

ナイフとフォークございます
Knives and Forks Available
有刀叉
提供刀叉
나이프와 포크 있습니다

110

妊婦の方、乳幼児をお連れの方、ご年配の方の優先座席です
Priority Seats for Pregnant Women, Persons with Small Children, and the Elderly
爱心专座
讓座給老弱婦孺
임산부, 영유아 동반자, 노약자 우대 좌석

111

ギフト用ラッピング承ります
Gift-Wrapping Available
提供礼品包装服务
提供禮品包裝服務
선물 포장 가능

112

貴重品はロッカーに入れてください
Please put your valuables in a locker.
请将贵重物品放入存物柜
請將貴重物品放入置物櫃
귀중품은 보관함에 넣어 주십시오

113

お忘れ物にご注意ください
Please take your belongings with you.
请携带好随身物品
請注意您的隨身物品
두고 가시는 물건이 없도록 주의해 주십시오

114

---

111 簡体字は「思いやりの座席」、繁体字は「老人、病人・障害者、婦人、子供には席を譲りましょう」の意。

お客様にお願い

不良品以外は交換できません

115

Returns Accepted for Defective Goods Only

除质量问题外概不退换

除質量問題外概不退換

불량품 외 교환 불가

試着室への持ち込みは3点までです

116

3 Items per Person in Changing Rooms

每次最多只能试穿3件衣服

每次最多只能試穿3件衣服

피팅룸에는 3 개까지 반입 가능

商品の返品は7日以内にお願いします

117

Returns Accepted within 7 Days of Purchase

7日以内可退货

7日以內可退貨

7일 이내 반품 가능

セール商品につき、ご返品、お取り換えはご容赦願います

118

No Refunds or Exchanges on Sale Items

减价商品售出后概不退换

減價商品售出後概不退換

세일 상품은 환불 및 교환 불가

かぶり物をご試着の際には、必ずフェイスカバーをご利用ください

119

Please use a face cover when trying on pull-over items.

试穿套头衣物时请使用面罩

試穿套頭衣物時請使用面罩

착용 시 얼굴에 닿을 때에는 페이스 커버를 사용해 주십시오

冷房中につき、ドアはお閉めください **120**

The air conditioning is on. Please keep the door closed.

冷气开放中，请随手关门

冷氣開放中，請隨手關門

냉방 중이므로 문을 닫아 주십시오

お1人様、1品以上のご注文をお願いいたします **121**

All customers must order at least one item.

每人至少点一份食物或饮品

每人至少點一份餐點或飲料

1인당 1개 이상 주문해 주십시오

ご試着の際にはスタッフに一声お掛けください **122**

Please notify our staff before trying clothes on.

试穿时请告知工作人员

試穿時請告知工作人員

착용해 보실 분은 직원을 불러 주십시오

当店は前払い制となっております **123**

Payment must be made in advance.

本店先付款后用餐

本店先付款後用餐

결제는 선불입니다

席にご案内しますのでお待ちください **124**

Please wait to be seated.

请稍候，我们会带您入座

請稍候，我們會帶您入座

자리를 안내해 드리겠사오니 잠시만 기다려 주십시오

ご用の際はボタンを押してください
Please press button for assistance.

需要时请按此按钮

需要時請按此按鈕

용건이 있으신 분은 버튼을 눌러 주십시오

125

開閉注意（ドアの反対側に人がいる場合があります）
Please use caution when opening/closing the door.
Someone may be on the other side.

小心开关门（注意门后的客人）

小心開關門（注意門後的客人）

문 여닫을 때 주의 (반대편에 사람이 있을 수 있습니다)

126

足元にご注意ください
Watch your step.

小心脚下

小心脚下

발밑 조심

127

ゴミは持ち帰りましょう
Please take your trash with you.

请把垃圾带走

請把垃圾帶走

자기 쓰레기는 되가져 갑시다

128

食べ終わりましたら、食器類は返却口までお願いします
Please return your used dishes to the return counter.

用餐后请把餐具放至回收口

用餐後請將餐具放至回收口

식사가 끝나면 식기류를 반납하는 곳에 갖다 주시기 바랍니다

129

食券を買ってから席にお着きください

Please buy a meal ticket before sitting down.

请先买餐券，再找座位

請先買餐券，再找座位

식권 구입 후 자리에 앉아 주십시오

130

先に席をお取りください

Please take a seat before ordering.

请先找好座位

請先找好座位

먼저 자리를 잡아 주십시오

131

節電にご協力ください

Please help us conserve electricity.

请节约用电

請節約用電

절전에 협조해 주시기 바랍니다

132

年齢確認させていただく場合がございます

We may ask you to verify your age.

我们可能会确认您的年龄

我們可能會確認您的年齡

연령을 확인하는 경우가 있습니다

133

食べ放題・飲み放題

食べ放題
All-You-Can-Eat
自助餐
吃到飽
음식 무한리필

`134`

飲み放題
All-You-Can-Drink
无限畅饮
無限暢飲
음료 무한리필

`135`

2時間制
2-Hour Limit
用餐时间限2个小时
用餐時間限2個小時
2시간제

`136`

90分制
90-Min. Limit
用餐时间限90分钟
用餐時間限90分鐘
90분제

`137`

時間無制限
No Time Limit
没有时间限制
時間無限制
시간 무제한

`138`

139

大人**3,000**円（税込）
子供**1,500**円（税込）
3歳未満無料

Adults: 3,000 Yen (Tax Included)
Children: 1,500 Yen (Tax Included)
Free for Children under 3 Years of Age

成人：**3000**日元（含税）
儿童：**1500**日元（含税）
3岁以下儿童免费

成人：**3000**日圓（含税）
兒童：**1500**日圓（含税）
3歲以下兒童免費

어른**3,000** 엔 (소비세 포함)
어린이**1,500** 엔 (소비세 포함)
만 **3**세 미만 무료

プラスアルファ

マスク着用推奨
Masks Recommended
建议佩戴口罩
建議珮戴口罩
가급적 마스크를 착용해 주세요

140

健康に不安のある方は入店をお控えください
Please do not enter if you have concerns any health concerns.
担心自己健康状况的人请不要进入店铺
擔心自己健康狀況的人請不要進入店鋪
유증상자는 출입을 삼가 주십시오

141

咳エチケットにご協力ください
Keep proper coughing manners in mind.
请注意咳嗽礼仪
請注意咳嗽禮儀
기침, 재채기 에티켓을 지켜 주세요

142

消毒液をお使いください
Please feel free to use the disinfectant.
请使用免洗手消毒液
請使用免洗手消毒液
소독제를 사용해 주시기 바랍니다

143

便座のフタを閉じてから流してください
Close the toilet lid before flushing.
请盖上马桶盖后再冲水
請蓋上馬桶蓋後再冲水
변기 뚜껑을 닫고 물을 내려 주세요

144

空気清浄機稼働中

Air Purifier in Operation

这里开着空气净化器

這裡開著空氣淨化器

공기청정기 가동 중

145

換気実施中

Ventilation in Operation

正在进行通风换气

正在進行通風換氣

환기시스템 가동 중

146

感染対策実施中

Infection Control in Progress

正在实施疫情防控措施

正在實施疫情防控措施

방역 소독 실시 중

147

大声での会話はお控えください

Keep your voice down.

请不要大声说话

請不要大聲說話

대화할 때는 작은 목소리로

148

衛生面を考慮し、従業員はマスクを着用しています

Staff members are wearing facial masks for hygiene purposes.

为了保证饮食卫生，工作人员佩戴口罩

為了保證飲食衛生，工作人員珮戴口罩

종업원은 위생상 마스크를 착용하고 있습니다

149

トングや取り箸は頻繁に取り替えを行っております

150

The tongs and chopsticks are frequently replaced.

食物夹子和公筷会经常更换

食物夾子和公筷會經常更換

수시로 집게 및 젓가락을 교체하고 있습니다

軽減税率実施中
テイクアウト8％、店内飲食10％

151

Lower Tax Rate for Takeouts
To Go: 8% / For Here: 10%

外卖食物降低消费税
消费税分别为：外卖是8%、店内饮食是10%

外賣食物降低消費稅
消費稅分別為：外賣是8%、店內飲食是10%

테이크 아웃 경감세율 8% 적용중(점내 취식 10%)

INDEX

フレーズやPOPを検索する際に
キーワードとなる言葉を掲載しています。

INDEX

き

く

と

な

に

ぬ

ね

の

数字を用いた表現

 MEMO

 MEMO

 **MEMO**

改訂版　みんなの接客英語

| 発行日 | 2023年4月19日（初版） |
| | 2024年4月 8 日（第4刷） |

| 著者 | 広瀬直子 |
| 編集 | 株式会社アルク 出版編集部 |

英文校正	Margaret Stalker、Peter Branscombe、Shana Rieko Shimizu、廣瀬優理愛
編集協力	春日聡子
翻訳協力	二瓶里美、顧蘭亭（中国語）
	고경수、호한나、盧秀曔（韓国語）
装丁デザイン	chichols
装丁イラスト	くにともゆかり
本文デザイン・DTP	株式会社創樹
ナレーション	Deidre Merrell-Ikeda、Greg Dale、Julia Yermakov、Carolyn Miller
録音・編集	株式会社メディアスタイリスト
印刷・製本	シナノ印刷株式会社

発行者	天野智之
発行所	株式会社アルク
	〒141-0001　東京都品川区北品川6-7-29 ガーデンシティ品川御殿山
	Website：https://www.alc.co.jp/

©2023 Naoko Hirose / ALC PRESS INC.
Yukari Kunitomo
Printed in Japan.
PC：7023025
ISBN：978-4-7574-4028-9

地球人ネットワークを創る

アルクのシンボル
「地球人マーク」です。